新装版

# 10人の法則

誰もが幸せになれる
世界一シンプルな方法

西田文郎
Fumio Nishida

現代書林

本書は、2008年に刊行した『10人の法則』（現代書林）に加筆・修正をした新装版です。

# まえがき

この本がはじめて書店の棚に並んだのは２００８年でした。北京オリンピックが開催された年で、日本女子ソフトボールが大方の予想を裏切って、強敵アメリカを激闘の末に下すという奇跡を実現し、日本中を感動させた年のことです。

当時、私は日本女子ソフトボールの選手たちのメンタル指導にあたっていました。優勝の瞬間、上野由岐子投手の立つマウンドに駆けよるナイン全員が、片手を空に突き上げてつくった「ナンバー１ポーズ」。

今やすっかりポピュラーになりましたが、もとはといえば、指導の中で教えた〝心をひとつにするボディランゲージ〟です。

指導したチームが、苦しい戦いの末に金メダルをつかみ取る――。彼女たちの活躍にワクワクしながら、本を書いていた日のことを昨日のように思い出します。

そのオリンピック直前、これから困難な戦いにのぞもうとしている彼女たちに、私が最後に伝えたこと。それが「10人の法則」だったのです。

こうして10年前を思い起こしながらこの「まえがき」を書いていたところ、前回とまったく同じように、嬉しいニュースが飛び込んできました。

２０１８年の今年は、冬季の平昌オリンピックです。そのスピードスケート女子パシュートで、日本チームがオリンピック記録を更新して金メダルを獲得したのです。

この４人のチームには、私たちがサポートしている富士急行スケート部に所属している菊池彩花選手がいます。

また、私たちが認定しているＳＢＴマスターコーチの資格を持つ卒業生が指導している高木菜那選手もいます。

菊池選手は、ちょうど10年くらい前に、「10人の法則」をはじめさまざまなことを勉強・実践する中で、私たちの「夢を語る会」に出席して、その壇上で「将来オリンピックで金メダルを獲ります」と宣言してくれました。そして今回、その夢を実現しました。

高木菜那選手は、この後に行われた女子マススタートでも見事に金メダルを獲得し、その会見でも多くの感謝を語っていました。

今回のパシュートチームは、競技中ももちろんですが、それ以外の面でもお互いが支え合い、結束して一丸となった結果、見事に金メダルを獲得したのだと思います。

本当におめでとうございます！　最高に嬉しいです！

さて、前置きが長くなりましたが、最初にタネ明かしをしておきましょう。

たとえば、私たちが成功したいと思うなら、そのためには何がいちばん必要か。そのことを知っておくのは重要なことです。

いちばん必要なもの。それは、他人を蹴落としたり、打ち負かしたりするような強さではありません。個人の強さが世の中を引っ張っていたような昔と違って、今は人と人のつながりが社会を動かし、社会を変えていく時代です。個人の能力さえ、人と人の連携の中で最も力を発揮するし、連携の中でしか力を発揮できません。

今や成功にいちばん必要なものは、強さ＝競争力ではないのです。意識の高さとか、優秀な頭脳とも違います。目指す成功の種類によっては、それらも大事な要素でしょう。しかしどんなジャンルの成功を目指すにしても、必要なものがたったひとつあります。

意外かもしれませんが、「感謝力」なのです。

人に感謝すると、なぜか不思議な「力」がわいてくる。オカルトや宗教の話と思ってもらっては困ります。

あなたにも経験がありませんか？　家族や恋人、仲間に心からの「ありがとう」を伝えたとき、心や体にあふれてくる温かな力。じつはそれこそ、どんな状況にあっても自分を支えることのできる力。自分を信じる力。そういう本当の「力」なのです。

――ウソだと思うなら、ためしに10人の恩人を訪ねて感謝してみよう。それは必ずあなた自身をこれまでのあなたから脱皮させるし、新たな力をわき出させるはずだ。

これが、『10人の法則』の本の中身です。

どうですか。これで本の中身がだいたいわかってしまいました。本を買う必要はもうなさそうです。後はその「法則」を実行するだけで十分です。

といってもいいのですが、冒頭でそんなことをいうわけにいきません。それを真に受ける人がたくさんいたら、本が売れなくなってしまいます。

それだけではありません。「簡単に手に入ったものは、簡単に逃げてしまう」という法則があるのです。

**・感謝することで、どうして力がわいてくるのか**

**・確かなものは何ひとつなく、不確かなものしか見えてこない現代社会の中で、私たちは何を拠り所として生きたらよいのか**

**・こんな不安定な世の中で自分の夢を確実に実現し、人生に成功するには何が必要なのか**

じっくり読んで答えを見つけてください。

答えは必ずこの本の中に見つかるはずです。

来たる東京オリンピックの金メダルを目指し、女子ソフトボールも新たな戦いのスタートを切りました。

私たちの人生が、いろいろな意味で戦いであるなら、この本は「戦い方の手引き」といえます。みなさんが思いもかけなかったような、新しい戦い方の手引きなのです。

果たしてみなさんが、どんな戦い方を見つけるか。

みなさんが本書を読み終わったとき、本の「あとがき」で私——本書の著者の10年後である今の私と、再びお会いしましょう。

新装版

# 10人の法則

目次

第1章

# 成功者は孤独ではない

『10人の法則』導入編

第2章

# 人は嬉しいと感謝したくなる

『10人の法則』実行編

第3章

# 喜びが心の枠を壊す

『10人の法則』活用編

# 第1章

# 成功者は孤独ではない

## 『10人の法則』導入編

## 調子に乗るか、図に乗るか

唐突ですが、私は怒っています。

怒っているというか、怒っているといいたくなるほど猛烈に悲しいのです。じつは私の勉強会で知り合い、大いに意気投合したAさん、新進気鋭の経営者であり、将来は「日本の経済界を担う実業家」の1人になるものと期待し、楽しみにもしていたAさんが、最近少しおかしいのです。

おかしいといっても、落語や漫才のように面白おかしいのとは違います。

たとえば、こうです。

「あいつは使えない。辞めてくれてよかった」

吐き捨てるようにAさんがいった言葉です。

長年Aさんを支えてきた幹部が会社を去ったときでした。どんな事情があったかは知りません。

しかし昔のAさんは、人に対して「使えない」などという尊大で、思いあがったいい方はしない人だったので、思わず耳を疑いました。

「会社の理念とか、社会的貢献とか、そんな余計なことを考え出すと甘くなる。闘争心が鈍ります。それよりも、いくら稼ぐか。そこだけに集中するほうが、闘争心は研ぎ澄まされるし、ずっと大きなパワーが出る。数字的な成果に集中しきれない人間が1人でもいると、全体の士気に影響します」

確かにAさんの会社は、今、急成長を遂げています。事業が一気に拡大し、年商の伸びも驚異的なハイペースです。その大躍進が、業界でも注目されるようになり、Aさんの名前も少しずつ売れてきました。

つまりAさんは、もっか絶好調なのです。

昇り調子になったときに、人間は2つのタイプに分かれます。いよいよ調子に乗る人と、調子には乗らず、図に乗ってしまう人がいるのです。

世間では、「調子に乗る」と「図に乗る」をはっきり区別せず、ほとんど同じ意味で使うことが多いようです。厳密にいうと、両者はまったく違います。

調子に乗るとは、「勢いづく」ことです。

図に乗るとは、「いい気になってつけあがる」ことです。いい気になって思いあがり、のぼせあがり、増長している。これが図に乗った人間です。

仕事が絶好調。収入がグンと増える。チヤホヤされるようになる。たちまちいい気になり、「自分は優秀な人間だ」とカン違いしはじめます。

残念ながら、ほとんどの人がそのタイプです。ちょっと好調になると、面白いように図に乗ってきます。「自分はデキる」「優秀だ」という顔になってくる。それまで謙虚で、腰が低かった人ほど手がつけられません。本人は気づいていないかもしれませんが、しゃべり方まで変わってきます。

「いや、私はそんなタイプじゃない」といえるのは、おそらく絶好調を経験したことのない人でしょう。昇り調子、上昇運の怖さをまだ知らない人です。

人生のどん底では、「覚悟」が試されます。

昇り調子のときに試されるのは、「志」です。

私が悲しんでいるのは、あのAさん――将来を大いに嘱望していたAさんまで、調子に乗ればいいのに調子には乗らず、図に乗ってしまったことです。

Aさんには申しわけありませんが、図に乗った人間は必ず失敗します。

## 1人では図にしか乗れない

ちょっと調子がよくなるとほとんどの人が、自分は優秀だと誤解しはじめます。

これは他人事ではありません。こんな話をしている私自身も講演で、思いどおりに笑いがとれたりすると、すぐに自分はスピーチの天才ではあるまいかと思いはじめます。いつもより、いくらか胸を張って演壇を降ります。

しかし、「自分はデキる」と思っている人間に、本当にデキる人はいないし、「自分は優秀だ」と考えている人間に、本当に優秀な人がいたためしはありません。

自己満足は、未来へ進む力を奪います。

スポーツメンタルの指導経験から、はっきり断言できますが、本当にデキる人間、本当に優秀な人間は、間違いなく「自分はまだまだである」と思っています。謙虚だからではありません。いつも未来の目標に目が向いていて、それと現在の自分を比べているので、「まだまだ」としか思えないのです。

彼らは引退して、はじめて自己満足を感じます。

あるいは自己満足するときが、引退のときです。過去に目を向け、それまでの成績に満足し、「おれもけっこう頑張った」「なかなか優秀だ」という気持ちになります。

ちょっと調子が上向いていい気になり、「おれはデキる」「おれは優秀だ」などと思うのは、優秀でない証拠でしかないのです。もしみなさんの心に、少しでもそういう気持ちがあったら、くれぐれも用心してください。

そんなことを思いはじめたら、あなたの能力は間違いなくそこで止まります。

そこが、あなたの限界になります。だからこそ、志は高く持たなければならないのです。

志の低い人間ほど、すぐ図に乗ります。志が低いから、すぐ舞いあがる。大成功者から見れば、成功どころか失敗でしかないレベルなのに、なぜかいい気になり、思いあがり、「自分はデキる人間だ」「優秀だ」などとカン違いしはじめるのです。

残念ながら、今の日本はそんな人間ばかりです。

調子に乗り、勢いづいている人のところへは、人が寄ってきます。

勢いよく流れる川が、まわりの水を集め、しだいに大河になるのと同じです。人は勢いのあるものが大好きで、未来に向かって勢いよく流れているものに魅力を感じ、本能的にそこに集まります。人は未来のイメージが欲しいのです。

人が集まるということは、チャンスや才能が集まるということであり、イヤでもツキや運が寄ってくるということです。

1人では、絶対に勢いには乗れません。調子に乗って勢いづくには、未来のイメージを分かち合い、支えてくれる仲間が必要です。

一方、図に乗るには1人でも十分です。

というより、1人でなければ、図には乗れません。そのうえ図に乗っていると、まわりの反感を買い、嫌われ、だんだんひとりぼっちになっていきます。

孤独ほど人の運勢を悪くするものはありません。

このことをぜひ覚えておいてほしいのですが、「孤独なのにツイている」「ひとりぼっちなのに運がある」、そういう人を私は1人も知りません。

# 成功するのは簡単なこと

Aさんはたいへんな努力家です。

以前も今も、それは変わりません。社員の先頭に立ち、社員の何倍も働く。常に情報収集のアンテナを張り巡らしていて、会社経営の戦術・戦略も、あきれるほど熱心に勉強していました。勉強会や交流会にも顔を出し、人脈づくりに励んでいたようです。そういう努力が効を奏し、ここ数年、年商を3倍、5倍、10倍と増やしてきました。

Aさん自身の収入もぐんぐん増え、それまでたまっていた借金は完済。自宅にかかっていた銀行の抵当権も消えました。

「自分の預金通帳が1億円になったときは、涙が出るほど感動しました」

あるとき、こう打ち明けてくれたことがあります。

たいていの人は、それを聞いて「うらやましい」と思うでしょう。しかし、1億ぐらいで感動するのはイヤです。

では、10億ならどうか。いえいえ、金額の問題ではありません。

お金で感動するのは、やはり志が低いのです。

なぜなら預金残高に感動できるのは自分だけです。

自分しか感動させられません。自分しか喜ばせられない。そんな小さな成功を目指しているから、いとも簡単に図に乗ってしまうのです。

と同時に、そういうモチベーションは、今日の消費社会の根本的なビジネス原理「1人でも多く人を感動させるほど儲かる」「1人でも多く人を喜ばせるほど繁栄する」という鉄則からも完全に外れています。

そういうAさんの成功を見ていてつくづく思うのは、今の世の中で成功するのはじつに簡単だということです。

どうしてそう断言できるのか——。

Aさんのように人の何倍も働いて、というと難しそうに聞こえますが、ほとんどの人はたいして働いていないので、人の何倍も働くのは造作ありません。

戦術・戦略といっても、たいして難しいものではありません。

私も、昔は経営者のみなさんに、ランチェスターの「ナンバー1戦略」などを講じていた経験があるので、よくわかります。戦術・戦略は、それを考え出すのはたいへんですが、借用するのはじつに簡単で、誰にでもできます。

おまけに戦う相手は——これは業界にもよりますが、戦術・戦略など気にせず、惰性で、あるいはまわりに流されて、百年一日のごとく仕事をしている人がほとんどです。仮に戦術・戦略を勉強しても、実践する勇気を持ちあわせる人となれば、それこそごくごく少数であり、その中で戦術・戦略を使って成功するのはちっとも難しくありません。

本気で取り組みさえすれば、誰でも成功できてしまうのです。

しかしほとんどの人は、その「本気になる」ということができません。

本気でないから、戦術・戦略さえ勉強しない。本気でないから、人の2倍も3倍も働く気になれない。なぜ本気になれないかといえば、その答えも簡単です。ほとんどの人は、「成功は難しい」という間違った先入観を持っているからです。

そのせいで、多くの人が最初にあきらめてしまう。というより大多数の人は、成功など目指さなくていい人生を無意識のうちに選択しています。

もちろん人の幸せは、社会的な成功だけではありません。むしろヘタに「大金持ちになりたい」などという野心に駆られるより、そんな野心ははじめから持たないほうが、はるかに幸せかもしれません。競争社会で神経をすり減らしたりせず、よき妻とよき子ども、よき友に恵まれるという、人間的な幸せが得られやすくなります。

しかしその人間的な幸せに、社会的な成功もくっついていたら、もっと幸せになれるかもしれないと思ってみるのは、悪いことではありません。

もう一度、申しあげておきましょう。

「成功は難しい」というのは、とんでもない誤解です。

## 難しいのは成功を維持すること

誰でも成功できるわけではない——。

成功とは、非常に難しいことだ——。

99％の人は、そう誤解しています。

ちょうど若い男性の多くが、「二枚目じゃないおれが、綾瀬はるかみたいな美人と付き合うのは難しい」と誤解し、最初からあきらめているのと同じです。

はっきり申しあげますが、美人を口説くのは、美人でない女性を口説くのより、ずっと簡単です。なぜなら美人というのは、とても淋しい生き物だからです。「美人を恋人にするのは難しい」。多くの人がそう誤解しているせいで、チヤホヤする男はたくさんいても、本気で口説こうとする男はあまりいない。それで、意外なほど淋しいのです。

なぜ私が、そんなことを臆面もなくいえるかというと、学生時代の私は、美人とばかり付き合っていたからです。今から考えると、じつに愚かなことですが、美人を連れ歩くのはカッコいいという、中身のない若者にありがちな、きわめて馬鹿げた情熱を持っていて、美人にばかりアプローチしていました。

当時はナンパなどといわず、ガールハントという何とも直接的ないい方でしたが、美人にばかり標的を絞った、すこぶる勇敢なハンターが私でした。

現在の見た目からはとても想像できないと思います。しかしそれが、面白いように成功しました。なかには女優さんもいて、不良を気取った仲間たちから尊敬の目で見られていたというのが、偽りのない当時の私です。

べつに自慢話をしたいわけではありません。二枚目でも何でもない私にできたということは、誰にでもできるだろうという話です。「難しい」。そういう先入観、私たちの脳に知らないうちに染みついた先入観が、可能性を奪っているだけです。

私は仲間への見栄もあって、その先入観を必死で壊しました。一度壊せば、あとはもう〝簡単なこと〟になります。

簡単ですが、だからといって、努力しなくていいわけではありません。

ビジネスもガールハントも、成功するには努力が必要です。それも、ただ闇雲に努力するだけではいけないというところも同じです。当然、女性心理を研究し、心理テクニックを上手に用いる戦術・戦略が必要になります。

努力と、頭を使った戦術・戦略。この2つさえあれば、ビジネスもガールハントも、成功するのは決して難しくないのです。

こんなことを公言すると、怒られそうですね。ビジネスとはもっと真面目なものだと考えている人たちから、「ガールハントと比べるなんて、ふざけるな」とひんしゅくを買いそうです。しかしガールハントも、ひとつの自己実現であり、「カッコよく生きたい」という願望を実現するための戦いです。たぶんみなさんがビジネスで成功したい、人生の夢を実現したいと願う、その根底にあるものと大きくは違わないはずです。

むしろビジネスで努力するほうが、はるかにラクだと私は考えています。というのも、ガールハントは相手の気分次第で、せっかくの努力がムダになります。

しかしビジネスの場合は、必ずそれなりの実を結ぶからです。

たとえ失敗しても、何らかの実を結ぶ。それがビジネスというものです。

ですからAさんのように頭を使って戦術・戦略を練り、継続的に努力していれば、〝ある程度の成功〟は、誰でも簡単に手に入ります。

成功しないのは、①「努力しない」、②「頭を使わない」のいずれかです。

気を悪くした人がいたら、どうかお許しください。

しかしそれが現実です。

難しいのは、成功することではありません。その成功を維持すること、もっと大きな成功に変えることが難しいのです。どうしてかというと、成功を持続させ、さらに大きく飛躍させるには、努力よりもっと大切なものがあるからです。頭を使って市場を分析し、戦術・戦略を考えるよりも、もっと使わなければならないものがあるのです。

それはちょうどガールハントは簡単でも、生涯をともにする最良の人を見つけ、その人と一緒に幸せな家庭を築いていくのが、非常に難しいのと同じです。

そのことに気づいていない人間が、ちょっと成功すると図に乗り、自分は優秀であるなどと考え出します。「使えないヤツだ」などという、思いあがったいい方をしはじめます。

Aさんに、一度いってやらなければと思っています。思い切りガツンといわなければならないでしょう。

「愚か者め！　図に乗るな！」

気の小さい私には、たぶんいえません。

ですから、きっとこんなふうに話すのではないでしょうか。

——Aさん、最近少し見苦しいよ。いい気になって、思いあがっていませんか？　年商を10倍にしたことが、そんなにエラいの？　いや、たしかにエラい。エラいですよ。でも、考えてごらんよ。9桁の数字が通帳に並ぶなんて、その程度のことで満足していいの？

自分が儲けるためだけに働くなんて、どんなに儲かっていても、働きがいがないんじゃないの？　自分だけのための人生なんて、生きる価値がないんじゃない？

## 大切なものは心が知っている

「生きる価値がない」

じつは私が20代のとき、人生の師からいわれた言葉です。

「おまえのような奴は、生きる価値がない」

そのときの師の顔が、今も目に浮かびます。

しかし私は、大して気にもとめませんでした。「また、年寄りの説教か……」と軽く受け流して聞いていました。自分を叱ってくれる師の言葉さえ、素直に聞けない。当時の私はそれぐらい思いあがり、図に乗っていたのです。正直、Aさんの比ではありません。

師の一喝が、ヘビー級ボクサーのボディブローのように、だんだん効いてきたのはずっとあと、30代になってからです。

頭では反発し、無視していても、心には相当グサリときていたのだと思います。年齢を重ねるにつれ、何かにつけて、「おまえのような奴は、生きる価値がない」という、恐ろしい言葉が蘇ってくるようになりました。

「生きる価値」とは何なのかと、考えずにいられませんでした。

頭は軽く聞き流したつもりでも、心はしっかり記憶していたのです。

話が横道にそれますが、頭と心は明らかに別々の価値観で動いています。目先の利害や損得にとらわれがちな頭に対して、無意識とか潜在意識と呼ばれる心の領域は、たとえ本人が気づいていなくても、自分にとって本当に大切なものは何であるかということを、おそらくよく知っているのです。

ですから人がうらやむようなリッチな生活をしていても、過酷な出世競争に打ち勝ち、大企業の勝ち組として勝ち残っても、また、どんなに面白おかしく暮らしていても、心は淋しかったり、苦しかったりします。

つまり、自分にとって本当に大切なものを大切にしていないと、心は不安になり、たとえ社会的に成功していても、幸福感が得られなくなるのです。

・幸福感がないと、人は虚しくなり、今の仕事がつまらなくなる
・幸福感がないと、人はストレスがたまり、病気になる
・幸福感がないと、人は過激になり、限度を超えてやりすぎてしまう
・幸福感がないと、人はよからぬことを考え出す
・幸福感がないと、人は自分が好きでなくなり、やさしさや思いやりを失う

実際、ベンチャービジネスで成功した若手起業家たちと話をすると、その満たされない心や生活の荒廃ぶりに、寒々とした気持ちになることがあります。

財布は満たされても、心は満たされない。そのために生活がすさみ、精神的に追い詰められ、すっかり余裕をなくしている。努力と戦術・戦略だけで成功してきたような、若手経営者には、そういう人がけっこう多いのです。

「この人は、いずれ破滅するのではないか」

そんな不吉な予感を抱かせる人もいました。

はっきり申しあげましょう。

人は、頭だけで真に成功することはできません。戦術や戦略、商売のテクニックだけでは限界があります。一時的には成功できても、その成功を維持し、もっと大きく成功することは非常に難しくなります。

なぜなら、自分にとって本当に大切なものを大切にしていないと、人は自分が信じられなくなり、目標を実現しようとするエネルギーを失っていくからです。

では、「自分にとって本当に大切なもの」とは何なのか――。

この本は、みなさんにそれを考えていただくための本です。

## 世の中をナメると必ず復讐される

話をもとに戻しましょう。

私が人生の師に、「生きる価値がない」と一喝されたのは銀座のクラブでした。若い私には場違いなぐらい高級な店で、クラクラするような色香を漂わせた大人の女性たちに囲まれ、完璧に舞いあがっていたと思います。

当時、全国に800余の支店を有し、飛ぶ鳥も落とす勢いだった上場企業の創業社長と、まだ20歳そこその自分が、花の銀座で2人きりで飲んでいる。どこの店もてなしは最上級。イヤでも有頂天になろうというものです。

すっかりいい気持ちになった私の口から、上司や同僚をバカにした言葉がポロッとこぼれました。つい口が滑ったのですが、ふだんから思っていることでした。

とたんに師の顔が一変しました。

「図に乗るな」

口調は穏やかでも、圧するような声でした。

先に述べたように、当時の私は思いあがれるだけ思いあがり、「これでもか」というぐらい、ノリノリで図に乗っていました。

仕事でも遊びでも、何をやってもどういうわけか不思議なほどうまくいき、世の中を完全にナメていたのです。

世の中をナメている人間は、いつか必ず大失敗します。ナメてかかると、いずれ相手に復讐されるというのが、この世の法則だからです。

これを「返報性の法則」といいます。

他人を疎んじていると、必ず他人に疎んじられ、お金を軽んじていると、必ずお金に軽んじられ、健康を無視していると、必ず健康にも無視される。逆に他人を大切にする人は、人間関係に恵まれ、お金を大切にする人は、お金に恵まれ、健康を大切にする人は、健康に恵まれるようになる。雑巾だって大切に使えば、長持ちしてくれます。

この返報性の法則をしっかり理解し、大切なものを大切にしてさえいれば、どんなに不幸になりたいと思っても、そうそう簡単には不幸にしてくれません。

女性にモテたければ、女性にやさしくすればいいし、上司に重んじられたければ、上司を尊敬すればいい。仕事を好きになれば、間違いなく仕事に好かれます。

しかし若いときは、この単純な法則がなかなか理解できません。

もし、あのまま世の中をナメ切っていたらと考えるとゾッとします。今頃、とんでもなく思いあがった、哀れな大失敗者になっていたはずです。

そうならずに済んだのは、人生の師がいたからです。「この人には、何としても気に入られたい」「この人のようになりたい」と、憧れる対象があったからです。

憧れや尊敬は、自分を変える原動力です。

## 本当の自分探しに効果なし

10年くらい前から、「自分を変えたい」といって、私を訪ねてくる若い人が多くなりました。読者の中にも同じことを望んでいる人が、きっといると思います。

その人たちのために、ちょっとアドバイスしておきましょう。

もし本気で自分を変えたければ、人生の師を見つけることです。そこには人生のお手本、「なりたい自分」の具体的イメージが、リアリティと説得力をもって存在しています。ノウハウもテクニックも、その人の中にあります。

どんな自己変革のプログラムよりも、はるかに強力です。

ところが、「自分を変えたい」「変わりたい」と訴える人に限って、自分のまわりには、師にふさわしい人物がいないとおっしゃるのです。

完全な思いあがりです。「我以外は皆師」という、宮本武蔵の言葉を引き合いに出すまでもありません。師がいない、師が見つからないなどというのは、謙虚さをなくし、自分はエラいと図に乗っている証拠です。

その意味では、今の日本人はみんな図に乗っています。

もともとわが国の文化は、華道や茶道、俳句、和歌、また武術や職人の技能にしても、師弟の関係の中で、師から弟子へ相伝されるものでした。

伝えられたのは、単なる知識や技術ではありません。それとともに、心のあり方・生き方が伝えられたのです。

今日ほど、日本人が〝師〟を見失っている時代はありません。その結果、アイデンティティをなくし、生き方さえわからなくなっています。

「自分のやりたいことがわからない」「本当の自分を探したい」などというのは、師を見つける気概も勇気もない人間のセリフです。

あなたがその気になれば、師はあなたのまわりに必ずいます。

もし、まわりに見当たらなければ、会いに行けばいいのです。「本当の自分」を探すよりも、人生の師を探しに行くことです。

師を持つこと。これは最高の能力開発プログラムです。

## 自分の正体は仲間が演じてくれる

私が人生の師と出会ったのは、小遣い稼ぎで書いた週刊誌の記事がきっかけでした。「美人を連れ歩くのがカッコいい」というような、短絡的な価値観からも容易に想像できると思いますが、学生時代の私はハンパでなく遊んでいました。

何ごとも徹底せよ——。

これが昔からの私の持論です。徹底的に、がむしゃらに、とことんやれば、どんな体験も必ず得るものがあります。学生時代の私は、本能的にそのことを理解していて、中途半端に勉強などせず、遊びに総力を集中していました。

一生懸命に勉強する人間のところへは、一生懸命に勉強する人間が集まってくるし、一生懸命に仕事する人間のところには、一生懸命に仕事する人間が集まってきます。ツキのある人間にはツキのある仲間がいるし、ツキのない、努力の嫌いな人間は、ものの見事にツキのない、努力の嫌いな人間とばかり付き合っています。

自分がどんな人間であるか。その正体を知りたければ、心理テストも性格分析もいりません。自分はどんな種類の人間と付き合っているか、それを見定めればわかります。

グチばかりの友や、人の悪口が好きな友、世の中にも会社にも、ついでに家庭にも、不満たらたらの友と付き合っていたら、あなたが内心どんなに凄い自己イメージを持っていても、間違いなくあなたは同じマイナス思考の人間です。

ただ、私たちはなかなか自分の友を公平に評価できません。

ありのままの自分を知るぐらい、怖いことはないからです。

学生時代、私のまわりには当然、私と同様、中途半端に勉強などするものかと固く決心した連中が集まっていました。青春のエネルギーの使い道がわからず、ありあまるエネルギーを持てあましている。そんな仲間とつるんでは、毎日遊びまわっているのですから、当然、いつも軍資金が足りません。

お金がなくなると、人は知恵を絞ります。

イベントを開催してチケット代を集めたり、稼ぎたい一心で麻雀に熱中したり……。おかげで麻雀の腕も相当あがりました。飲み屋で知り合った社長の不動産屋でアルバイトしたときは、新しい販売戦術を考え出して、売り上げトップになったこともあります。三流週刊誌に記事を書いて、原稿料をもらっていたのもその頃です。

そんなある日、1人の紳士が訪ねてきました。

渡された名刺の肩書きは、私もよく知っている某大企業の重役。驚いたことに、どういうわけかその氏名に見覚えがありました。よくよく思い出してみたら、私の名前です。記事を書くときに使うペンネームでした。

「おれの名でつまらん記事を書くな！」

こう怒鳴り込んできたのかと思いました。しかし案に相違して、「おれの名前で、こんなくだらない記事を書くのは、どんなくだらない人間か見に来た」とニコニコしています。

それが、私の人生の師となった人物の右腕であり、番頭格だったH氏でした。

そのときH氏と、どんな話をしたかは忘れました。図に乗った人間のことですから、どうせロクなことはいえなかっただろうと思います。

しかし世の中はおかしなもので、それを面白がる人もいるのです。「面白い若造がいましたよ」というH氏の報告が、私を人生の師に引き合わせることになりました。

若い読者に申しあげますが、〝若さ〟とは、誰にも一度は平等に与えられる特権です。どういう特権かというと、「失敗が許される」という特権です。お酒を飲んでハメを外しても許されます。多少やんちゃをやっても許されます。まだ結婚前ですから、いろいろな女性と付き合ったとしても大目に見てもらえます。

これを誤解して、「世の中は甘い」と考える人間は人生をしくじります。甘いから許してくれるのではありません。今のうちに多くのことを経験しろということです。

だから、仕事の失敗も許されます。未熟だから、新人だから許されるのではなく、若いときは、失敗を成功に変える可能性があるからです。

思いあがっていても、図に乗っていても、許されます。それどころか人によっては、「面白いやつだ」と評価してもらえる。それが若さの特権です。

なぜ評価されるかといえば、若者には何もないからです。

お金もないし、人生経験もない。もちろん実績もありません。つまり、何の根拠もなしに図に乗っている——その無鉄砲さ、怖いもの知らずのエネルギーに、年配者はすでに自分が失った可能性を見るのです。

くれぐれもいっておきますが、それは10代から20代の前半までですね。人生経験もそれなりに積んだ30代や40代で、まだ図に乗っていたら見苦しいだけです。

このH氏が、人生の師に私を引き合わせてくれました。その後、私と私の仲間が、人生の師やH氏にどれだけお世話になったかわかりません。飲ませてもらったり、別荘を自由に使わせてもらったり。しかし図に乗った人間は、感謝することも知りません。

「しめしめ。このじいさんの側にいれば、損することはないな」

あきれたことに、そんなことを考えていたのです。

## ツキも運も錯覚に過ぎない

調子に乗るとは、「勢いづく」ことです。

図に乗るとは、「いい気になってつけあがる」ことです。

ただ、面白いことに、この2つには共通点があります。どちらもどういうわけか、「自分は運がいい」「ツイている」と思い込んでいます。

ある人たちは、「運やツキなど存在しない」「そんなものは宗教と同様、非科学的なものだ」と、あっさり切り捨てます。運もツキも単なる偶然に過ぎない、と。

これは唯物論者の考え方です。

一方には、人生というのは、意志と努力で切り開くものであり、「運だ」「ツキだ」と騒ぐのは、前近代的で、依存的な自我のなせるわざであるという見方もあります。

正直に申しあげましょう。

じつは私も、運やツキなど存在しないと考えています。

『面白いほど成功するツキの大原則』という本を書いた私が、こんなことをいうとさぞかし驚かれるかもしれません。しかし、この世には間違いなく運もツキもありません。「運がいい」とか「運が悪い」というのは単なる錯覚であり、私たちの脳の中にしか存在しない幻想なのです。

ところが、その錯覚が非常に大きな力を持っています。この幻想が脳にあるかどうかによって、脳の働きが全然違ってくるのです。

その証拠に、大成功者と呼ばれる人たちは、例外なく自分のことを「運がいい」「運のある人間だ」と錯覚しています。

経営の神様と呼ばれた松下幸之助さんが常々、「自分は運の強い人間だ」と語っていたのは有名な話です。火鉢屋の丁稚から身を起こし、松下電器（現・パナソニック）という世界的大企業を一代でつくりあげた、そんな偉業を成し遂げた人だから、「自分には運があった」と考えるのは当然だと思われるかもしれません。

じつは、そうではありません。松下さんは大成功したから、「自分には運がある」と思ったわけではないのです。逆に、「運がある」と思っていたから、大成功できたのです。

松下さん自身、そのことをよく知っていました。

ですから入社試験の面接では、これから松下電器で働きたいという学生たちに、「あなたは自分のことを運が強い人間だと思いますか？」と必ず尋ねたそうです。

よく考えると、これはヘンな話ですね。

相手は、社会経験ゼロの学生。まだ運がいいも悪いもない。そういう未経験の若者に向かって、「あなたは運がいい人間だと思うか？」と敢えて尋ねる。

その理由はひとつしかありません。

「自分は運がいい」という錯覚が、脳の中にあるかどうかで、その人の脳の働きがまるで違ってくることを、松下さんは明らかに知っていたのです。

「自分は運のある人間だ」という錯覚があると——

・自分に自信が持てる
・自分のすることにも自信が出てくる
・脳が肯定的になり、最高のプラス思考になれる
・能力を制限しているマイナス思考のブロックがはずれ、脳全体が活発に働き出す
・成功、幸せがらくらくイメージできて、努力が苦労でなくなる
・だから困難にぶつかっても、あきらめなくなる

つまり、ここには人が成功するのに必要なものがすべてあるのです。

世間には数多くの能力開発や自己啓発、成功哲学が存在しますが、それらが必死で目指しているものが、ここにはみんなそろっています。いい換えれば、松下幸之助さんのように、「自分は運がある人間だ」と錯覚できさえすれば、能力開発も自己啓発も、成功哲学もいらないということです。

## 成功者は運を絶対的に信じている

自分には強い運がある——早くそう錯覚した人間の勝ちです。

しかし、いったいなぜでしょうか。さまざまな能力開発や自己啓発、成功哲学が、必死になって目指しているにもかかわらず、なかなか実現できないものを、単なる脳の錯覚が、なぜ可能にしてしまうのでしょうか。

それにはちゃんと答えがあります。

唯物論者がいうように、「運」というのは、宗教レベルの錯覚であるからです。

「おれには運がある」

この錯覚は、理屈ではありません。敢えて言葉にすれば、何か大きな力――自分という小さな存在を超えた大きな力が、自分に味方し、自分を後押しし、自分を守ってくれているという確信です。合理的な確信ではなく、不合理な、信仰的な確信です。

クルマを運転していて青信号が何回か続くと、「今日は運がいい」「おれはツイている」などと思う、そんな運やツキとは、もともとレベルが違います。

信仰的な確信だからこそ、どんな脳もとことん肯定的になれるのです。

未来に対する信念が生まれます。自分にも、自分がすることにも、絶対的な自信が持てて、成功がらくらくイメージできる。努力が苦労でなくなり、楽しくなる。大きな困難にぶつかっても、プラス思考で前向きに取り組めるようになる。だから決してあきらめず、成功するまで挑戦できるのです。

能力開発とか自己啓発、成功哲学の理屈や心理手法、また無意識への刷り込みなどのテクニックでは、なかなか実現できないことが、容易に実現できてしまいます。

そういえば、松下幸之助さんはこうもいっていました。

「失敗するのは、成功するまでに努力を放棄するからだ。成功するまで続ければ、事は必ず成功する」

自分の運を信じた人間だけがいえる言葉です。

では、どうしたら「自分は運がある」「運のいい人間だ」と信じられるのか。本やセミナーで学んだだけでは、絶対に信じられません。その素晴らしい信仰が私たちの脳に生まれるのは、いったいどんなときなのか。それをみなさんと一緒に考えたいというのが、この本を書くことにした第二の目的です。

## 図に乗った運は寿命が短い

ところで、20代の若造だった私も、自分には運があると思い込んでいました。おれほど運の強いやつはいないと、完全にうぬぼれていたのです。面白いことに、「図に乗った人間」の思いあがった脳も、〝自分は運がいい状態〟になっています。

それで何をやっても、あきれるくらいうまくいきました。ガールハントで数々の戦果をあげ、私より明らかにハンサムで、誰が見ても私よりはるかにモテそうな友人をして、「わけがわからん」と何度も悔しがらせました。

もちろん失敗も数知れません。しかしおれ様は運がいい、世界中の女性は、みんなおれ様に惚れないわけがないという、とんでもない錯覚があったので、少しもヘコむことなく、余計に張り切ってチャレンジできたのです。

不動産屋でアルバイトしたときも同じです。飲み屋でたまたま隣に座った不動産屋の社長さんが、不動産ぐらい営業の難しい商売はないとこぼすのを聞いて、それならぜひ私にやらせてくださいと申し出ました。当然、「おれ様なら、もっと簡単に売ってみせる」という、傲慢きわまりない気持ちでした。

最初から成功を確信しています。そのために、どんな努力も苦になりません。努力がつらいのは、その努力が報われるかどうか、わからないからです。報われるとわかっていれば、いつもウキウキワクワク状態で努力できます。このウキウキワクワク状態が、脳全体の司令長官にあたる、前頭前野の〝実行機能〟に重要な意味を持ってくるのです。

不動産業というのは、1件何千万円の大きな商売です。営業がたいへんでないはずはありません。それでも、面白かったですね。もっと多く売れる戦術・戦略はないかと知恵を絞るのが、楽しくて仕方ありませんでした。

松下幸之助さんもそうですが、大成功者というのは、「運がある」と勝手に思い込んでいる人間、ヘンに自信過剰の若者が大好きです。私の人生の師も、こんなふうに思いあがった私を面白がり、ずいぶん目をかけてくれました。

しばらく自由に遊ばせてくれたあと、「遊んでばかりいないで働いてみたらどうか」と、会社に誘ってくれたのは、私が22歳のときでした。

正式に試験を受けたら、到底受かりそうにない大企業です。そこに、トップの推薦で滑り込むのも悪くありません。遊びにも飽きた頃でした。やっぱりおれ様はツイているぞとニンマリし、「気分転換に、働いてみようかなあ」などと、まさしくゴーマンをかましながら、誘われるまま就職しました。

社員になっても、思いあがりは変わりません。タイムカードは押さない、上司には逆らう。新人のくせに、自分の意見や企画を押し通そうとする。しまいにはH氏も手を焼いて、私が何か提案すると、「そんなにいうなら、テストケースとして、おまえがやってみろ」というようになりました。

勝手にやれといわれると、かえって怖気づき、慎重になったのは、私の場合、「運がいい」という錯覚が、しょせん思いあがりに過ぎなかったからでしょう。

そういう〝テストケース〟として着手したもののひとつに、当時ドイツで始まったばかりだった実践心理学、スポーツ選手のメンタルトレーニングを日本にも導入するという、今の私の仕事につながるプロジェクトがありました。

あの頃、思いあがった私の目には、先輩や同僚がバカに見えて仕方ありませんでした。何しろおれ様が一番だとカン違いしています。他人の長所や凄さなど、まったく目に入らない。ほかの社員にしたら、本当にイヤなやつだったに違いありません。

しかし、仕事もがむしゃらにやりました。

Aさんではありませんが、他の社員の2倍、3倍は働きました。ウキウキワクワク状態ですから、どんなに働いても苦になりません。

スポーツメンタルの世界では、「メンタルビゴラス状態」といいますが、目標に対して、イメージと思考、感情の3つが一致してプラス状態になると、遠くにあるはずの目標がすぐ近くにあり、すでに実現できてしまったかのような喜びが感じられて、心理的にも能力的にも、とてつもなく大きな力を発揮できる特別な状態が出現します。

スポーツ選手のメンタル指導は、この状態をつくり出すのが最終目標です。

ところが、「自分は運がいい」と思っていると、たとえそれが思いあがりであっても、イメージや思考、感情が目標に対してプラスになり、メンタルビゴラス状態が簡単につくれてしまうのです。ビジネスでも同じです。

私はがんがん仕事をし、どんどん出世しました。26歳で全国に800ある支店の最年少支店長になり、100人を超える部下を動かすようになったのは入社4年目でした。

これが図に乗った人間の怖さです。

しかし、図に乗った人間の「運」は長く続きません。

なぜならいい気になって思いあがっている人間は、必ず孤立するからです。前にもいいましたが、私の知る限り、孤独でありながら運のいい人、ひとりぼっちなのにツイている人というのは、見事なくらいに1人もいません。

ひとりぼっちと運は両立しないのです。

## グチのこぼし合いは孤独の集団

成功者は孤独である――。

世の中にはそう誤解している人がたくさんいます。厳しい競争を勝ち抜くには、クールでなければならず、ときには非情に徹する必要がある。自分の道を信じて、どこまでも突き進もうとしたら、孤独を覚悟しなければならない。リーダーやトップに必須の資質として、孤独に耐える能力をあげる人もいます。

しかし、それは逆さまです。信じた道を突き進もうとする人にとって、ひとりぼっちは大敵です。人は孤独になると、どういうわけか自分の道が信じられなくなります。

自分を信じるには、人に信じてもらう必要があるのです。

人に信じてもらわなければ、自分を信じきれないのが私たちです。

たしかに、トップは重大な決断を1人で下さねばなりません。まわりに気を遣っていたら、的確な判断を迅速に下せなくなります。非情さを余儀なくされることもあるでしょう。

ほんの小さな間違いが大きなビジネスチャンスを失わせ、取り返しのつかない損失を与え、その結果、多くの社員が路頭に迷うこともあります。

その肩には、重い責任がずっしりとかかっています。

けれど、1人で責任を負うことと、ひとりぼっちは違います。

大成功者の自伝や伝記の類をひも解いてみるとよくわかりますが、世間で思われているのとはまったく違って、大のつく成功者に孤独な人はまずいません。

逆に、心の通じ合った腹心の友が必ずそばにいます。うらやましいぐらい、仕事でも仕事以外のプライベートでも、信頼できる友人をたくさん持っていて、温かく実のある人間関係を築いているのです。

私にいわせれば、孤独なのはむしろ会社や上司の悪口で意気投合し、グチをこぼし合うことで、「気持ちが通じた」「わかり合えた」とカン違いしているような、居酒屋あたりでときどき見かける、レベルの低いサラリーマンのほうです。

面白おかしい話ができて、大勢でわいわい騒いでいるから、自分には友がいて、仲間がいて、ひとりぼっちでないと思うのは大間違いです。

孤独であるどうかは、シチュエーションでなく、脳の状態で決まります。

悪口やグチ、不平不満を酒の肴に、にぎやかに盛りあがっている人たちが、その楽しそうなシチュエーションにもかかわらず、なぜ孤独なのかというと、そのとき彼らの脳は完全にマイナス感情に支配されているからです。

悪口やグチ、不平不満は、マイナス感情に支配された脳が垂れ流す有害物質です。その毒は再び耳から脳に入り、ますます脳をマイナス感情で洗脳していきます。

これは非常に重要なことですが、私たちの脳にマイナス感情――怒りや恐れ、不安、不満、嫌悪、また悲しみなどの感情が生まれるのは、私たちが自分を守ろうとするときです。

マイナス感情の根っこには、じつは動物的な自己防衛本能があります。

## マイナス感情では相手が敵になる

人間の脳には進化の比較的早い段階で発達した大脳辺縁系という、本能と感情に関わる部分があり、別名「動物の脳」といわれています。そこに、扁桃核と名づけられた小さな神経組織のかたまりがくっついています。

小さな神経組織ですが、自分の生命や生存、利害にとって「危険なもの」「都合の悪いもの」を瞬時に識別するという、とても大事な働きをしています。動物が天敵を見分けたり、有害な食べ物を嗅ぎ分けたりできるのも、この扁桃核のおかげです。自己防衛のセンサーといってもいいでしょう。

人間の場合も、このセンサーが常に働いています。

たとえば、私が帰宅して妻と顔を合わせる。扁桃核は、ただちに妻の表情をチェックします。そういうことはめったにないと妻のためにいっておかなければなりませんが、万一、不機嫌な顔をしていたら、扁桃核はそれを自分の安全や生存、利害にとって「危険なもの」「都合の悪いもの」と判断し、マイナス感情を引き起こすのです。

「何か文句をいわれやしないか」という恐れや、「ヘソクリがバレたんじゃないか」という不安がわいてきます。「働いて疲れて帰ってきたのに、どうしてニコニコしながら迎えてくれないんだ」という不満も、きっとわいてくるでしょう。

そこでプラス感情のほうがわいてきたら、喧嘩にもならず、うまく仲直りできそうな気がしますが、そうはいきません。なぜかというと、「危険なもの」「都合の悪いもの」に対して注意を促したり、それを回避したり、回避できない場合は死に物狂いで戦う――そのためには、プラス感情のような肯定的なエネルギーは役に立ちません。

猛獣を見つけて、ニコニコしながら近づいていったら食べられてしまいます。

自己防衛にはマイナス感情が必要です。怒りや恐れ、不安、不満、嫌悪のような、マイナス感情の否定的なエネルギーが必要になるのです。

ですから自分を守ろうとすると、マイナス感情がわいてきます。

誤解を恐れずにいいますが、マイナス感情に支配されながら居酒屋でグチっているレベルの低いサラリーマンは、間違いなく友がいないし、どんなに仲よく見えてもそこに信頼関係は育ちません。家でも、奥さんとの仲はあまりよくないでしょう。

扁桃核の感度がよすぎて、自分の会社や一緒に働いている上司、やりがいのある仕事さえ、自分を脅かす〝敵〟に見えているのですから。

ここに大成功者の脳と、そうでない人の脳のいちばん大きな違いがあります。

これまでの著書の中で、私は社会的成功と人間的成功は、まったく別のものであると説いています。社会的に成功できなくても、愛情や友情、温かい人間関係をつくりあげられれば、それはひとつの成功であると、ことあるごとに述べてきました。

しかし現実には、社会的に大きく成功している人ほど、人間的にも豊かな成功を勝ち取っています。そういうケースが多いのです。

## 達成の喜びを超える努力の喜び

ここで、もう少し脳の話をしておきましょう。

近年の脳科学は、脳の仕組みについて、興味深い事実を次々と明らかにしてきました。

その中で最も注目すべきは、私たちの思考や行動をコントロールする脳は、たった2つのモチベーションによって動いているということです。

ひとつは、喜びです（報酬系）。

もうひとつは、恐怖・不安です（防衛系）。

たとえば、仕事を成し遂げたとき、私たちは達成感という喜びを味わいます。

「できた！」「やった！」「ついに成功した！」

大脳生理学的にいうと、その喜びのもとになっているのは、快楽物質という別名を持つ神経伝達物質、ドーパミンです。

ご存知の人も多いと思いますが、ドーパミンの分子構造は覚せい剤と非常によく似ていて、というより覚せい剤のほうがドーパミンそっくりな構造になっているのですが、ドーパミンが分泌されると、脳はいい知れない喜びを感じます。

その喜びを味わいたい、もっと味わいたい――。

これがモチベーションとなり、「やる気」や「意欲」がかき立てられて、私たちは行動へ、チャレンジへと駆り立てられるのです。

この仕組みは、「報酬系」と呼ばれています。

動物の調教などにたとえると身も蓋もない話になってしまいそうですが、原理としてはまったく同じです。エサが欲しくて必死で芸を覚えるイヌやサルのように、私たちの脳も、喜びという報酬が欲しくて懸命に働くのです。

目標達成の喜び、上司や同僚に「よくやった」「凄い」「さすがだ」と褒められ、認められる喜び、昇進の喜びや、ライバルに打ち勝つ喜び、また両親・家族を喜ばせる喜び、あるいは夢の実現に一歩一歩近づいていく喜び……。

喜びという感情は、脳をイキイキと働かせる原動力です。

じつは麻薬や覚せい剤と同じように、この感情には依存性があります。一度味わってしまうと、その喜びが忘れられなくなる。何としても、もっと強い喜び、もっともっと強烈な喜びを求めずにはいられません。それを得るために、より大きな目標、より大きな目的を目指して懸命に働き出します。

目の前に困難なハードルがあっても、そんなものはモノともせず、嬉々として乗り越えていくようになるのです。

「努力して頑張って、歯を食いしばってやっていく」と、ソフトバンクの孫正義さんはいっています。

「それで達成したときは、素晴らしい快感をおぼえます。幼いときからそんな快感を続けていると、快感中毒のようになってくるんです」

大成功者がひとつところに満足せず、新しいことに次々チャレンジしていくのは、ドーパミン依存症という、素晴らしい中毒にかかっているからです。

この報酬系をさらにくわしく調べると、意外な事実がわかってきます。

面白いことに快楽物質ドーパミンが分泌されるのは、目標に到達したときだけではありません。「できた！」「やった！」「成功だ！」という喜びを目指して努力していると、そのプロセスにおいてもドーパミンが盛んに分泌されるようになるのです。

ことに「やる気の脳」と呼ばれる側坐核では、それが顕著です。

目標を達成したときより、そこを目指して努力しているときのほうが、むしろ多量のドーパミンが分泌されてくる。目標にはまだ到達していないのに、まるで到達してしまったかのようにどんどんあふれてくるので、苦しい努力も苦労でなくなり、逆に喜びになるという、まさに「メンタルビゴラス状態」が実現するのです。

しかもこの側坐核というのは、人間の脳だけに大きく発達している前頭前野——私たちの額の下にあって、脳全体の司令塔とも、「目標実現の脳」ともいわれる、前頭前野と直結しています。

側坐核がドーパミンで興奮してくると、神経伝達物質のアセチルコリンが前頭前野へ送り出されます。前頭前野では、ただちに〝実行機能〟のアクセルが踏み込まれる。アクティブになった前頭前野は脳全体を指揮しながら、目標実現のために必要なさまざまな能力を呼び出し、それらを駆使して猛烈に働き出すのです。

喜びは、肯定的な脳の動力源です。

より大きな喜びを目指して懸命に努力するほど、快楽物質がこんこんとわき出してくる。だからこそ大きな目標、高い志を持つ必要があるのです。

じつに不思議なことですが、努力する喜びは、自分を喜ばせようとするときより、他人を喜ばせようと努力するときのほうが大きくなります。そして、1人よりも2人、2人よりも3人、3人よりも4人の喜びを目標とするほうが、確実に大きくなります。これが動物の報酬系と、人間の脳を活性化する報酬系の違いです。

敢えてこう申しあげましょう。

志の高さとは、あなたの努力によって幸せになる人の数で決まります。

自分の幸せより、家族の幸せを目指すほうが、努力する喜びは大きくなります。自分の家族だけより、社員とその家族の幸せ、そこにお客さんや消費者の幸せが入れば、さらに喜びは大きくなるでしょう。

ですから、〝大成功者〟の名に値する人たちは、「社会のため」「世界のため」「人類のため」などという、とんでもない理念を掲げています。タテマエではありません。本気でそう信じているから、彼らはその発想においても、実行力においても、また辛抱強さや、精神的な強靭さにおいても、とてつもないパワーを発揮できるのです。

運という錯覚は、こういう脳に宿ります。

エゴイスティックで、自己防衛的な脳には絶対に宿りません。

というのも、運とは〝自分〟を超えた大きな力に守られている——先人の言葉を借りれば、〝天〟に守られている、〝天〟に後押しされているという確信だからです。

それゆえに彼らは、「失敗するのは、成功するまでに努力を放棄するからだ。成功するまで続ければ、事は必ず成功する」などという、常識的に考えたら誠に馬鹿げたことを本気で信じられるのです。

さらに驚くべきことに、その信じたことを実行し、実現してしまいます。

## 小さな自分への満足は危険

――Aさん。あなたは、大成功者たちのこの確信を共有できますか？「失敗するのは、成功するまでに努力を放棄するからだ。成功するまで続ければ、事は必ず成功する」と、本気で信じられますか？

たぶんあなたには難しい気がします。

だって、そうでしょう。ちょっと会社の調子がいいぐらいで、すぐにいい気になり、図に乗ってしまう。そんなあなたは、間違いなく自分中心の小さな世界にいます。

まあ、そういわずに聞いてください。

成功なんて、まことにもって簡単です。大成功者にとっては成功でも何でもない、もしかしたら失敗の部類かもしれないような、あなたぐらいの成功だったら、本気で努力してさえいれば、誰だって簡単に手に入れられます。

難しいのは、成功することではありません。成功を維持することであり、もっと大きな成功に飛躍させることです。

一生懸命に努力できる。真面目に戦術・戦略を研究し、それを実行に移せる。たしかに、それは素晴らしい能力です。

Aさん。あなたは確実にその能力を持っています。

しかし成功を維持し続け、さらに大きな成功を花開かせるには、別種の才能が必要になるのです。どういう才能かといえば、高い志を持てるという才能です。〝自分〟を超えたところに、喜びを感じられる才能が必要になります。

それこそ、〝自分〟を超えた大きな力＝運を味方につける才能です。

忠告しておきますが、あなたぐらいの成功で、運があると思ったら人生を誤ります。

それは運ではありません。クルマを運転しながら、たまたま青信号が何回か続くと、「今日のおれはツイている」「運がいいぞ」と思う程度の、次に赤信号にぶつかったら、たちまちペシャンコになってしまう誤解に過ぎません。

どん底に落ち、人生の天中殺や大殺界でも、なお「おれは運が強い」と思っていられるような人の脳だけに、運という錯覚は宿るのです。

厳しいい方かもしれませんが、許してくださいね。

あなたに欠けているのは、そういう錯覚を持つ才能です。

考えてもみてください。人間という動物は、動物の中でいちばん弱い生き物です。ライオンの牙も、ウマの脚力も、また木の枝から木の枝へラクラクと飛び移るサルの運動神経も、小さなリスの敏捷ささえ、私たちにはありません。

そんな人間が、なぜ自然界の主人面をして威張っていられるかといえば、人間という動物だけが、エゴイスティックな動物の脳――自己防衛本能に徹頭徹尾支配された動物の脳とは、異なる脳を持てたからです。

いや、持たざるを得なかったのかもしれませんね。

たぶんそうです。最も非力であるがゆえに、自分以外の人間の喜びにも、喜びを感じられるような、想像的な脳を持たざるを得なかった。

そういうことじゃないかと、私は思うんです。

みんなで助け合いながら、大自然の脅威に対抗する。力を合わせて猛獣と戦い、少ない食べ物を分け合って、やっと飢えに耐え、次の世代を大事に、ときには自分よりも大事にしながら育てていく。そうしなければ、みんな死に絶えてしまう。自分の喜びだけを考えていたら、自分も生き延びられない。

人類発生以来、何十万年にもおよぶ長い、長い歴史の中で、私たちの脳は、他人の喜びを自分の喜びと同じように喜び、ときには自分を喜ばせるより、他人を喜ばせることのほうに大きな喜びを感じる。そういう脳に進化してきました。

だから私たちは、自分の喜びだけを追求していると、〝天〟の後押しが得られなくなってきます。どんなに儲かっていても、人間としてのあり方に反している気がしてきて、だんだん幸福感が感じられなくなってきます。自分にも、自分のしていることにも自信が持てなくなり、ストレスばかり蓄積するようになるのです。

Aさん。あなたもずいぶん疲れていませんか？

私には、そう見えますよ。

あなたがときおり見せるイライラした顔つきや、みんなと飲んで騒いでいても、ときどきふっと浮かべる淋しげな表情に、私はあなたの疲れを垣間見る気がします。

いや、笑って誤魔化さないでください。

本気で、あなたのことを心配しているんですから。

何年か前、みんなで九州へ行き、鹿児島の知覧にある特攻隊の記念館を見学しました。覚えていますか？

そこにずらりと並んだ若い兵士の遺影の前で、また展示された遺書の数々を読みながら、隠れるようにして、そっと涙をぬぐっていたあなたを私は知っています。

私が多くの知り合いを誘って、ほとんど毎年のように知覧基地を訪れているのは、べつに鹿児島の芋焼酎が好きだからではありません。いえ、それもありますけれど、それだけではありません。また国際問題が複雑化しているこの時代に、愛国心の大切さを訴えたいのとも違います。

遺書を見るとわかりますが、敵艦に体当たりするという、想像を絶する任務を背負って飛び立った若者たちも、特別に愛国心が強かったわけではないのです。

彼らが喜んで、あるいは喜びを鼓舞して死地に赴いたのは、祖国のためというより、そこで暮らす父や母、兄弟姉妹、恋人……自分の命より大切と思える人たちが、祖国にはいて、その人たちのためなら死ねると思えたからでしょう。

いや。人間は、本当に大切なものにはなかなか気づけません。

彼らもそうだったのではないかと思います。

特攻隊として出撃すると決まったとき、自分の人生がもうほとんど残されていないとわかったときに、はじめて父や母、兄弟姉妹、恋人が、自分の命よりも大切であると思えてきたというのが、本当のところなのでしょう。

20歳の陸軍大尉が出撃前に書き残した、こんな言葉を覚えていますか？

「お母さん　お母さん　今俺は征く　母を呼べば母は山を越えてでも　雲の彼方からでも馳せ来る　母はいい　母ほど有り難いものはない　母！　母！」

知覧に行くのは、〝自分〟を超えるという意味を考えてほしい、あなたにとって本当に大切なものをもう一度思い出してほしいからです。

Aさん。もしあなたが、大成功者にとっては成功でも何でもないような、小さな成功に自己満足して終わりたくないなら、また、1回限りの人生をもっともっと有意義に生かしたいなら、先日お話した『10人の法則』をぜひ実行してみてください。

これまでの小さな〝自分〟を壊し、〝天〟に後押しされるための方法が『10人の法則』

です。人生の師が、私に教えてくれた方法がもとになっています。

しかし、『10人の法則』はテクニックではありません。ひとつの生き方です。「運」という錯覚を生きるための生き方です。

## やりがいは人とともに消える

いい気になって思いあがり、図に乗っていた20代の私が、その後どうなったか。だいたいのところは、読者のみなさんも想像できると思います。

先にも述べたように、図に乗った人間の絶好調は長く続きません。

人生の師に誘われて入った会社で、いちばん大きな支店の責任者になり、月に100万円もの交際費を自由に使って大得意になり、ますます図に乗っていた入社7年目。突然、人生の師が亡くなりました。親族の方が新社長となり、それにともなって執行部も一新。

執行部から追われたH氏は、間もなく新社長と衝突して会社を去りました。

「この人だけには認められたい」「この人のようになりたい」と思っていた前社長や、生意気な若造にさんざん手を焼きながらも、親身になって面倒を見てくれたH氏がいなくなった会社は、たちまちすべての魅力を失いました。

よく「やりがいのある仕事」といいますが、そのやりがいは、仕事の内容や種類といったハード的なものだけでなく、誰のために仕事をするか、誰と一緒に仕事をするかという、ソフト面が大きな要素を占めています。

仕事自体はつまらない仕事でも、リーダーや一緒に働く仲間に魅力があれば、そこにやりがいが生まれるのです。管理職の方には、ぜひこのことを覚えておいていただきたいと思います。好きな異性と一緒に行けば、どんなつまらない遊園地も楽しいように、一緒に働く相手によって、私たちの脳は否定的にも肯定的にもなるのです。

師とH氏がいない会社は、とたんにつまらない場所になりました。

また、H氏派と見なされていた私が、同じポジションを維持できるはずもありません。面白くなりはじめていたメンタルトレーニングのプロジェクトも、いずれ中断を迫られることになるのは明らかでした。

「独立して、仕事を完成させよう」

職を辞したのは29歳のときです。

上場企業という後ろ盾をなくし、一から始めるのですから困難は予想していました。けれど、そこは図に乗っていたので、どうにかなるさというお気楽さでした。まさかその後5年間、収入ゼロが続くとは想像もしませんでした。

日本にはまだ、「メンタルトレーニング」などという言葉もなかった時代です。根性主義や精神論が幅を利かせていました。そんな中でコツコツと海外のスポーツメンタルを研究し、高校、大学の運動部、さらには実業団やプロの選手、コーチにもお願いし、さまざまなデータを集めて、スポーツメンタルの基礎理論を構築するまでに5年を要したのです。

その5年のあいだ、師の一喝を何度思い出したかわかりません。「おまえのようなやつは生きる価値がない」という言葉が、絶えず蘇り、生きる価値とは何であるかと考え続けることになりました。

# 第2章

# 人は嬉しいと感謝したくなる

## 『10人の法則』実行編

あなたが感謝すべき人、10人の名前をあげなさい。
そして1年以内に、10人全員にあなたの「感謝」を伝えなさい。

## 若い感謝はたかが知れている

正直に打ち明けますが、若い頃の私は、「感謝」という言葉が大嫌いでした。嫌いというより、図に乗り放題、図に乗って、「世界は自分を中心に回っている」とカン違いしていた私の辞書には、この言葉がなかったのです。

感謝なんて、年寄りじみている。そんなシラけた話は、〝いい人〟に任せておけばいい。おれは頼まれたって〝いい人〟にだけはなりたくない。そう思っていました。

当時の私にとって、〝いい人〟とは人畜無害で、野心や野望を持つパワーもない、つまらない人間の代表だったのです。

ですから今でも、若いくせにヘンに物わかりがよく、「感謝の心を大切にしています」みたいなことを平気でいえる人に会うと、「えらいな」「たいしたものだ」と思う反面、皮肉のひとつもいいたい誘惑に駆られます。

そんな歳で、小さくまとまるなよ。「人のため」「世の中のため」なんて君がいうと、その「ため（為）」の横に、ニンベンが付いているような気がするよ。

人の心は、振り子と同じです。一度、左に大きく振れたおもりは、右側へも大きく、強く振れます。

しかし左への振れが小さいと、右側へも小さくしか振れません。若いうちから、「感謝の心」などといっている人間がする感謝は、たかが知れている。キミが思う感謝より、ずっと大きな感謝が存在するよ。

実際、私がこれまで付き合ってきたアスリートやビジネスマン、経営者を思い浮かべてみると、不思議な気がします。

感謝の能力が高いのは、むしろ「感謝の心」とは反対側へ大きく振れた人生を歩んできた人たちです。感謝する暇もないほどがむしゃらに、自分の道を突き進んできたり、野望や野心に心を奪われるあまり、自分がいかに多くの人に支えられているかが、目に入らなかったり……。

そんな彼らが何かのきっかけで、いったん感謝する能力を身につけると、とてつもない力を発揮しだすのです。

## 喜びは自分を超えて感謝になる

ここに、「感謝」という言葉が少々唐突に登場しました。それを見て、「感謝の大切さなら、もう十分わかっている」と思った読者がいるかもしれません。

もしあなたがそう思ったのなら、あなたは意外に感謝の苦手な人なのかもしれません。というのは、感謝は頭で〝わかる〟より、心で〝感じる〟ものだからです。大切さをいくら理解していても、感じているとは限らないのが感謝です。

事実、「ありがとう」というだけなら、オウムやインコでもいえます。

エサをもらえば、イヌだって尻尾を振ります。

正確にいえば、イヌの例はちょっと違うようですが……。エサをもらったイヌが尾を振るのは、「ありがとう」ではありません。私の家にもロンという愛犬がいるので、よくわかりますが、あれはエサに対する本能的な喜びの表現です（２０１８年2月、ロンは18年の長寿を全うして永眠しました）。

しかし人間にも、レベル的にイヌのそれと大差ない感謝があります。

たとえば、結婚披露宴のシーン。花嫁さんが涙ながらに、両親に感謝の言葉を述べる感動的な場面です。困ったことに、あれを見るたびに私は、ロンが喜んで尻尾を振っているのを思い出します。

「あの涙は、本当に感謝の涙だろうか。いや、そうではあるまい。たぶん隣で緊張しているハンサムな青年と結婚できることが、泣くほど嬉しいんだ」

ふだんは「ありがとう」の「あ」の字もなく、勝手気ままに暮らし、両親に迷惑のかけ通しだったお嬢さんなら、なおさらそう思わないわけにいきません。

私は、花嫁さんを軽蔑しているのではありません。文句をいいたいのとも違います。自分の喜びを感謝という形で表現できる、それが人間の素晴らしさです。

人間は、嬉しいとなぜか感謝したくなる動物です。

殊勲打を放って、ヒーローインタビューを受ける野球選手の「応援、ありがとう」も、当選した政治家が支援者に深々と頭を下げていう「皆様のおかげ」も、自分の喜びを感謝という形であらわし、みんなで喜びを分かち合いたいのです。

一緒に喜ぶ人が多いほど、喜びは大きくなります。

恐れや不安の感情と違い、喜びは〝自分〟を超えて広がろうとします。

## 人間は絶望の中でも感謝できる

世の愛犬家に嫌われるのを承知で申しあげますが、イヌは絶対に感謝しません。どんなに利口でも感謝できないし、したいとも思わないでしょう。

地球上の動物で、それができるのは人間だけです。人間の脳だけが、「感謝」という観念を持てるからです。

たとえば、ご主人様にエサをもらう。イヌの大脳辺縁系には、食欲が満たされる本能的な喜びと、味覚刺激が引き起こす感覚的な喜びが発生します。

人間にもイヌにも、食べることは最大の喜びです。

「ああ、美味しい！」

「うまい！」

その喜びを言葉に翻訳すればこうなります。

わが家の愛犬ロンの場合は、残念ながらそれでおしまいです。お腹いっぱい食べて満腹中枢のスイッチが入れば、摂食行動が抑制される。すると味覚刺激も途絶えて、先ほどまでの感覚的な喜びは、線香花火のように消えてしまいます。ですから、「ごちそうさま」もありません。あとは犬小屋に戻って寝るだけです。

しかし人間の脳は、そこからさらに先があります。

幸せなことか不幸せなことかわかりませんが、私たち人間には、言語という道具を使って物事を抽象的にとらえたり、論理的に把握したりできる、きわめて性能のよい理屈脳が、間違いなく誰にも備わっています。これが勝手に働いて、感情脳に発生した直接的な喜びを対象化し、分析し、また解釈するという余分な仕事をしてしまうのです。それで私たちは、「この喜びには理由がある」と思います。

「あの人は、私の大好物がマツタケであることを覚えていてくれ、わざわざ送ってくださった。この喜びは、あの人のおかげだ」

「妻のおかげで、今夜も美味しい夕食がいただけた」

理屈脳がなければ、この「おかげ」という、倫理的な因果関係の認識は絶対に起こりません。イヌに感謝の能力はないと断言できるのもそのためです。

「人に何かしてもらったときは、必ずありがとうといいなさい」

子どもに繰り返し教えるのも、自分の喜びを他人の行為と結びつける、こういう関係性の把握の訓練です。

なぜそんな訓練が子どもに必要なのかといえば、人間は1人では生きられない、社会的動物であるからです。

あの人のおかげである。この認識から理屈脳のほとんどは、「お礼しなければいけない」「感謝しなければいけない」という命題を引き出します。

お礼もいわなければ、マツタケは二度と届かないかもしれません。自慢の料理を黙って食べていたら、きっと妻も機嫌を悪くします。「うまい！」と褒めておけば、明日はいっそう腕によりをかけた、美味しい料理が出てくる可能性が高くなります。上司に教えてもらっても、「ありがとうございます」がなければ、「あいつは社会性に問題がある。ダメなやつだ」と思われるに決まっています。

こういう功利性、計算高さが理屈脳の本質です。いかにしたらより効率的に生きられるか、その方法を考えるのが理屈脳です。

しかしこれだけなら、感謝も世の中をうまく渡るための戦術・戦略に過ぎません。ときどきコンビニやファーストフード店で、心のこもらない「ありがとうございます」を聞いてイヤ～な気持ちになりますが、心のこもらない、戦術・戦略としての感謝ぐらい味気ないものはありません。

先に「感謝の大切さを頭で理解していても、感じているとは限らない」といいましたが、感じていなくてもいえるのが、理屈脳の感謝です。

人間の脳が凄いのは、理屈の脳に生じたこの「おかげ」という認識が、再び感情脳にフィードバックされることです。認識に、感情脳が反応します。マツタケが美味しいという喜びだけでなく、あの人がマツタケを送ってくださった――それに対する嬉しさや喜びがわいてきます。

イヌやネコは、エサという物にしか心を動かされませんが、人間は、他人が自分のために何かしてくれた、そのことに感動できるのです。

欲望を満たす直接的な喜びを超えた、第二の喜びが脳にあふれてきます。

だから私たちの感謝は、欲望が満たされたときと限りません。

嬉しいときだけでなく、苦しいときも、悲しいときも、どん底に落ちた絶望の中でさえ感謝できるのが人間です。

その感謝が、私たちの感情脳に喜びをわき出させ、生きるエネルギー、生きる力を与えてくれるのです。

## ありがとうは別れの言葉にもなる

「にいちゃん、ありがとう。おおきに」

野坂昭如さん原作の映画『火垂るの墓』に出てくるセリフです。

ご存知の方も多いと思いますが、この映画は戦後の焼け跡に戦災孤児としてとり残された兄妹が、飢えと戦いながら助け合い、必死で生きる姿を描いたものです。

先のセリフは、映画のラスト近くにあります。

栄養失調で起き上がれない妹を喜ばせようと、やっと手に入れた米と卵を持って、兄は息せききって妹のもとへ戻ってきます。２人が雨露をしのいでいる、防空壕のほら穴に着いた兄は、意外なものを目にしました。寝たままの妹が、何かを口にふくんでいるのです。食べるものなど、もう何もないはずなのに……。あわてて吐き出させると、出てきたのは、妹が大切にしていたおはじきでした。亡くなった母親にもらったドロップの空き缶に大事にしまい、楽しかった日の記憶のように肌身離さず持っていたおはじきです。

「せつ子！」

もう目を開ける力もない妹に、兄は声をかけます。

「すぐ卵入りのおかゆさん、つくるさかいな」

朦朧とした意識で、妹はかすかに応えます。

「にいちゃん。ありがとう。おおきに」

「待っててや！」

そういうと、兄はほら穴を走り出ました。ほら穴の前を流れる川で米を研ぎ、急いで戻ってくると、もう妹は息絶えていました。

「あほやな、せつ子。もうじき、できるのに……」

テレビで放映されるたびにこの映画を見ますが、ここで決まって涙がこぼれます。一緒にテレビを見ている妻や娘に、涙を目撃されるのがイヤで、トイレに行くふりをしてそっと席を立つのです。

トイレで、ふと思ったことがあります。

せつ子は、何に対して「ありがとう」といったのだろう。

卵入りのおかゆさんを嬉しいと思ったのかもしれません。貴重な米と卵を持ち帰ってくれた兄の苦労に、感謝したのかもしれません。

けれど私には、せつ子の別れの言葉のように聞こえます。助け合いながら、2人で懸命に生きてきた。けれど、もうお別れしなければならない。「さよなら」という代わりに、「ありがとう」「おおきに」といったように聞こえるのです。

人はしばしば、「さようなら」の代わりに、「ありがとう」をいいます。

## 感謝はすべてを肯定する

子どもを失った親御さんがわが子の思い出をつづった手記などを読むと、死にゆく子どもたちは、まことに立派です。死を前にして慌てふためく大人が多いのに、彼らはあっぱれ、ものの見事に覚悟しています。

「ママ、ありがとう」「お母さんの子でよかった」

堂々たる感謝の言葉を残す子が、とても多いことに心を打たれます。感謝の言葉が、残される者を癒し、その悲しみをいくらかでも軽くすることを、まるで知っているかのようです。

小児がんで男の子を失った母親の手記に、こんな話がありました。死の時が迫ってきたある日、少年はベッドの上で母親にこう尋ねます。

「ママ。人間は死んだらどうなるの？　生まれ変わるの？」

お母さんはハッとし、どぎまぎしながら答えます。

「また赤ちゃんになって、生まれてくるんだよ」

それを聞いた少年は、安心した顔になりました。

「ママも、生まれ変わるの？」

「そうね。きっと生まれ変わると思うよ」

「それならママが生まれ変わるときは、お願いだから女に生まれて来てね。女に生まれて、また僕を産んでよ」

これも、「ありがとう」の一種だと思います。またあなたの子として生まれたい。これは最高の感謝です。私にはいえませんでしたが、母が生きているあいだにいってあげたら、本当に喜んだと思います。

「またあなたに産んでほしい」とは、あなたから生まれた自分を１００％肯定する言葉です。自分の生を肯定し、それで母親の人生も肯定する。きわめて高度な感謝であるといわねばなりません。

感謝とは何かといえば、肯定し、受け入れることです。

これは以前にも書いたことですが、私にはひとつの夢があります。

臨終の床に伏し、今まさにあの世へ旅立とうとする、そのいまわの際に妻の手を握り、「長いあいだ、ありがとう」と感謝の言葉を口にする。すると妻も、思わずギュッと握り返し、「私のほうこそありがとう。あなたのおかげでいい人生でした」と、涙を浮かべながら、やさしく微笑んでくれることです。

こういう夢があるので、ある日突然、「あなたのおかげで、つまらない人生でした。離婚届けに判を押してください」などと、ゆめゆめいい出されることのないよう、今のうちから日夜努力を怠らずにいます。

妻の手を握り、「ありがとう」といいながら死んでいきたい。その理由は何かといえば、ひとつは妻を喜ばせたいからです。念のためにいっておきますが、私の死を喜んでほしいのではありません。

人は嬉しいと感謝したくなる動物ですが、人に感謝されると嬉しくなってしまう動物でもあります。感謝の言葉を聞いただけで、とたんにプラス感情がわいてきます。なぜなら人間には他人に認められたいという、強烈な欲求があるからです。

50年も一緒に暮らした相手が、最後の最後に「ありがとう」といってくれる。それは半世紀におよぶ長い結婚生活を祝福し、あなたを生涯の伴侶として本当によかったと告白することです。認められたいという欲求が満たされ、感情脳には大きな喜びが発生します。私が死んだあと、素晴らしい夫を失って悲嘆にくれるに違いない妻に、その喜びを残していきたいのです。

実際、世の中には「ありがとう」の言葉を残して、死出の旅に立つ人は意外にたくさんいます。そんな話を聞くたびに、凄いなあ、私もそうありたいと思います。

長い結婚生活のあいだには、行き違いも喧嘩もあったでしょう。楽しいときばかりでなく、つらいときや苦しいときもあった。短所も欠点もあるのが人間ですから、相手を嫌ったことも、離婚を考えたこともあったでしょう。

にもかかわらず、最後にそんな自分たちを「これでよかったのだ」と肯定し、「ありがとう」といって去っていく。

人間というのは、とてつもなく凄い動物です。

## 人間がつく素晴らしいウソ

「ありがとう」にもいろいろな「ありがとう」がありますが、別れの「ありがとう」ほど人を喜ばせるものはありません。

何かをプレゼントしたわけでもなく、何か特別なことをしてあげたわけでもない。一緒に時間を過ごしただけです。その体験に対しての「ありがとう」ですから、相手を認め、肯定するという意味では、とっておきの「ありがとう」です。

私も仕事などで人と会ったときは、別れ際に心を込めて「ありがとう」をいおうと心がけています。

すると面白いことが起こるのです。

2人の意見が衝突し、感情的なしこりが残りそうなときも、最後にそれを口にすると、とたんにイヤな気分がスーッと消えて、いい気持ちになれるのです。

気持ちがいいというのは、扁桃核の判断が肯定的に変わった証拠です。

しかし口先だけの「ありがとう」では、何も変わりません。コンビニやファーストフード店でよく見かける、やる気のないアルバイト店員のそれのように、口先だけの感謝に扁桃核を変える力はありません。ですから彼らはいつ行っても同じように、つまらなそうな「ありがとう」を繰り返しています。

ウソでもいいから、本気でいう必要があるのです。

本気の言葉は、私たちの脳に強いイメージを喚起し、そのイメージに感情脳が反応するのです。自分の脳だけではありません。相手の脳も反応します。感謝されると嬉しくなり、嬉しくなるとつい感謝したくなるのが人間という動物ですから、相手もそれまでのマイナス感情がほぐれ、たいてい「ありがとう」を返してきます。それは自分の扁桃核も、相手の扁桃核も気持ちよくさせてしまう言葉です。

こういうことが、私たちの脳では無意識のうちに起こります。

プラス感情がわいて、扁桃核がぐんと気持ちよくなる。すると先ほどまでの「おれの意見のほうが正しい」「間違っているのはおまえだ」という、頑な思いが和らいで、「この人の意見にも、一理あるかもしれない」とか、「もう一度考えてみよう」と思うゆとりが出てきます。感謝の言葉が分泌させるプラス感情の作用で、自己防衛的なバリアが消えるからです。

別のいい方をすれば、「ありがとう」は人を素直にする言葉です。

自分も相手も素直にします。私が「ありがとう」といえば、相手も素直に「ありがとう」と答える。逆に「この野郎」といえば、相手も自己防衛的になり、「この野郎」と返してくる。脳の仕組みも世の中の仕組みも、そういうふうになっています。

余談になりますが、世の中には相手の自己防衛バリアを消し、人を素直にする3種類の言葉があります。

ひとつは、愛の言葉です。

それを最も効果的に使うのが結婚詐欺師で、「ウソでもいいから本気でいえ」をものの見事に実行しています。自分を騙せないようでは、相手を騙してお金を引き出すことなどできません。優秀な結婚詐欺師ほど、本気でウソをいっています。

2つ目は、褒め言葉です。

人は誰かに認められたいという強い欲求を持っているので、褒められるとつい嬉しくなり、たちまち自己防衛のバリアが緩んできます。ですから、ここでも詐欺師がいろいろな褒め言葉を駆使しながら近寄ってきます。子育てでも、「ウソでいいから褒めろ」といわれますが、そのウソが素直な子どもを育てるのです。

そして、3つ目が感謝の言葉です。

たとえば、嬉しいときの「ありがとう」は、誰でも簡単にいえます。

商売している人なら、お客さんに商品を買ってもらう。「ありがとうございます」という言葉とともに、なぜか自然と頭が下がります。商品が売れた嬉しさがあり、儲かったという喜びがある。そういう場合の感謝は難しくありません。

ところが世の中には、買わずに帰るお客さんにまで、「ありがとう」といえてしまう優秀な店員さんがいます。

あれこれ商品を取り出させ、さんざん説明させたあげくに、「他の店を見てくる」と平気な顔で出て行くお客さん。できればその背中に、「もう来るな」のひと言も投げつけたい気持ちになるのが人情でしょう。

だからこそ、そこでにこやかに「(ご来店)ありがとうございました」「(説明を聞いていただいて）ありがとうございます」と応じ、自分の脳にもお客の脳にもプラス感情をわかすことのできる店員さんは優秀なのです。

この優秀な店員さんの「ありがとう」は、はたしてウソなのでしょうか。

人間は、嬉しいと感謝したくなる動物ですが、嬉しくなくても感謝することのできる動物です。悲しいときにも、楽しそうに振舞える。つらいときも、にっこりできる。自分が苦しいときでも、人のことを思いやれる。

人間だけが、こういうウソをつけます。これが大脳新皮質という理屈の脳を持った人間の素晴らしいところであり、恐ろしいところです。

なぜ恐ろしいかといえば、それによって人を騙せるからです。

なぜ素晴らしいかといえば、それによって運勢を変えられるからです。

嬉しいことがあれば肯定的な脳になり、苦しいときは否応なく否定的な脳になってしまう。自動的にそうなってしまいます。だから人は運勢を変えられないのです。というのも運勢を変えるここ一番、人生の正念場、胸突き八丁には、私たちを試すかのように必ずたいへんさやつらさ、苦しさが待ち構えているからです。悪い運勢の人は、いつまでも悪い運勢のままです。

だから人間は、素晴らしいウソをつきます。

悲しいときにも、楽しそうに振舞い、つらいときも、にっこりする。嬉しくないときにも、感謝することでプラス感情を呼び起こし、脳を肯定的にするのです。世の中にある宗教のほとんどが、神仏への感謝を説いている理由もそこにあります。

感謝すると、プラス感情がわいてきます。

感謝すると、素直になります。

人の運勢を変えられるのはこの2つです。

## 現実を受け入れると先へ進める

若い頃、私の辞書には「感謝」という言葉がなかったといいました。なかったのは「感謝」だけではありません。「素直」という言葉もありませんでした。

当時の私にとって、素直さは〝負け〟を意味しました。何しろあの頃は、自分より凄い人間はいないとカン違いしていて、明らかに私より優秀そうな人間がいると、それだけでプライドが傷つきました。

他人の長所も、素直には認められません。人を尊敬するより、自分を尊敬するほうが好きだったのです。

したがって、人生の師や、その番頭格だったH氏のことも、とくに尊敬していたわけではありません。

さすがにしばらくすると、師の人間的な魅力や器の大きさに白旗をあげ、熱烈に尊敬するようになったのですが、最初のうちは小バカにさえしていました。諭されたり、叱られたりしてもうわの空で聞き流し、心の底では「くだらない」「年寄りの繰言だ」「おれのほうがわかっている」とつぶやいていました。

まったく、度し難い若造です。

のちに能力開発の仕事に携わるようになって知ったことですが、こういうタイプは、たとえどんなに才能があっても、それを伸ばしきれないというのが一般的です。

スポーツの世界を見ると、そのことがよくわかります。選手の中には、監督やコーチがいくら丁寧に指導しても、アドバイスを生かせない人間がいます。それが面白いように監督やコーチを小バカにし、「くだらない」「うるさい」「おれのやり方が正しい」「いわれなくてもわかっているよ」と、心でつぶやくタイプなのです。

素直さがないというだけで、せっかくの才能をしまったまま、年齢だけを重ねてしまう選手を私はたくさん見てきました。

負けず嫌いが悪いわけではありません。

スポーツの世界で大きく成功する人間は、間違いなく負けず嫌いです。それも単なる負けず嫌いではなく、素直な負けず嫌いなのです。

一方、素直さのない、ひねくれた負けず嫌いの場合は、努力だけでは超えられない限界に必ずぶつかり、上に行くほど伸び悩んできます。

素直さの例をあげれば、2000年のシドニーオリンピックのマラソンで金メダルを獲った高橋尚子選手です。コーチであり師匠でもある小出監督のもとで、「Qちゃんは世界一だよ」と褒められ、おだてられ、それを素直に信じてナンバー1の座を見事につかみ取りました。

最近でいえば、２０１８年からメジャーリーグのロサンゼルス・エンジェルスに移籍した大谷翔平選手です。彼のまわりから聞かれる声は、とにかく素直であるというものばかりです。その素直さがあったからこそ、二刀流に挑戦して、あれだけの成績を残せたのだと思います。

スポーツの世界では、素直でなければ絶対に成功できません。

一流になった選手は、みんな素直です。負けず嫌いという自分を持ちながら、自分の考えややり方に固執しない素直さを持っています。

なぜ素直でない人間が成功できないかといえば、自分の考えややり方に固執し、それ以外のものを受け入れようとしないからです。

彼らが受け入れないのは、コーチの言葉だけではありません。こうすればいいというアドバイス以前の、「フォームの悪さ」とか「握り方の間違い」とか、あるいは「能力が劣っているから、もっともっと練習しなければならない」というような、自分の現実を受け入れようとしないのです。

誤解している人がたくさんいますが、私たちがより高いレベルへ昇るために、最初に必要となるのは、目標の実現計画の作成でも、願望のイメージングでもありません。自分にとって都合のいいものも悪いものも含めて、現実を素直に受け入れることです。

現実を受け入れる。まず、そこから出発するのでなければ、本気になって現実と取り組み、それを乗り越え、変革していくことはできません。

コンビニで、やる気のない「ありがとうございました」を聞くたびに、「この人はかわいそうだな」と思います。彼は――なぜか不思議と彼女ではなく、彼であることが多いのですが、間違いなくコンビニのアルバイトという仕事を小バカにしています。「面白くない」「くだらない」「おれには向かない」、あるいは「仕方なくバイトをしているけれど、おれはこんな仕事をする人間じゃない」と、心のどこかで思っています。

今の現実を「よし!」「よっしゃ!」と肯定し、素直に受け入れない人間が、その現実を変革し、それ以上の現実をつくれるはずがないのです。

なぜこんな当たり前のことを敢えて申しあげるかというと、成功したいとか幸せになりたいというような人には、「おれは、本当はもっと優れた人間だ」「こんな現実は自分にふさわしくない」と、無意識のうちに考えている人間が多いからです。自分の現実を嫌い、ネガティブにとらえているのです。

「よっしゃ！」

まず、この現実を素直に受け入れてください。

いかに厳しい現実であっても、ここが自分にいちばんふさわしい出発点であると考えてみてください。

今のあなたには、その現実がいちばん必要なのです。

しかし扁桃核が、一度否定的に反応してしまうと、私たちの脳はマイナス感情に支配されてしまい、そこからなかなか逃れられなくなります。いくらプラス思考で、前向きに取り組もうと努力しても追いつかない。大脳新皮質の思考では、辺縁系の感情までは変えられないからです。

けれど人間は、どんな困難、どんな苦しみの中でも、プラス感情をわきあがらせることのできる、感謝という方法を持っています。

## 感謝は死の恐怖をもはねのける

先に、思い切って私の夢を披露しました。死の間際には妻の手を握り、「ありがとう」をいいながら死んでいきたいというのが、私の夢です。現実にもそういう方がたくさんいらっしゃいます。しかしよくよく考えてみると、感謝しながら死ぬというのはフクではありません。たいへんなことです。

ペットで考えてみてください。イヌやネコは、いまわの際になっても、飼い主の手を握ったりしないでしょう。イヌやネコの前足では握りたくても握れないということもありません。しかしそれ以上に、動物は〝死〟というものを認識できません。

「ありがとう」と涙を流すのは、ペットではなく、むしろご主人様のほうです。理屈の脳が大きく発達した人間だけが、〝死〟を認識できるのです。この、認識できることが、〝死〟をいっそう恐ろしく、いっそう不安なものにしています。

何しろその向こう側は、行って戻った人が、私の知る限り、まだ1人もいないらしい未知の世界です。しかもそこへ行くには、長いあいだ慣れ親しんだこの肉体まで、ここに置いていかねばなりません。

不安が、怒涛のごとく押し寄せてくるはずです。

そこで未来がぷっつりと途絶え、自分が金輪際、消えてなくなってしまう。それはもう人生最大の災厄に違いありません。その不幸の絶頂で、「ありがとう」と感謝できる人がいます。それもけっこうたくさんいます。

人間という動物は、なんと凄い生き物なのでしょうか。

私が妻に感謝しながら死にたいというのには、もうひとつの理由があります。感謝でもしなければ、とても無事には死ねそうにないのです。

とてつもない恐怖。底知れない不安。そういう圧倒的なマイナス感情に押しつぶされてしまうことなく、素直に死を受け入れて死んでいくには、それに対抗しうるプラス感情が必要です。

もう〝自分〟は消えてしまう。確実にこの世からいなくなってしまう。そんな自分にいつまでもしがみついていても、死ぬのがイヤになるだけです。そういう〝自分〟を超えたところから来る喜びが必要なのであり、それを生み出せるのは、私の知る範囲では、感謝以外にありません。

私は門下生やいろいろな方をお誘いして、毎年のように鹿児島県にある旧陸軍、知覧飛行場跡地に建つ平和記念館へ出かけています。私たちがそこで目にする、特攻隊員の遺書や手記にはさまざまな感謝がつづられています。

たとえば、18歳で散った少年飛行兵の絶筆には、こうしたためられています。

「母上お元気ですか　永い間本当に有難うございました　我六歳の時より育て下されし母　継母とは言え世の此の種の女にある如き　不祥事は一度たりとてなく　慈しみ育て下されし母　有難い母　尊い母　俺は幸福だった　遂に最後迄「お母さん」と呼ばざりし俺　幾度か思い切って呼ばんとしたが　何と意志薄弱な俺だったろう　母上お許し下さい　さぞ淋しかったでしょう　今こそ大声で呼ばして頂きます　お母さん　お母さん　お母さんと」

どのような思いで、この「お母さん」を書いたのか。とても想像のおよぶところではありませんが、それを思うだけで、戦後生まれの私でも、胸が熱くなります。

特攻とはいうまでもなく、飛行機ごと敵艦に体当たりするのが任務です。私が妻の手を握って死ぬのとはわけが違います。常識的な感覚では到底受け入れがたい、壮絶な死を引き受けなければなりません。

母を呼ぶことで、何度も繰り返し呼ぶことで、〝自分〟を超えて広がる大きな喜びをわきあがらせ、肯定的に脳を切り替えて任務の遂行に向かっていった。おそらく、そうであったに違いありません。

## 不幸のどん底を救った感謝の力

ところで、人生の豊かさとは何でしょうか。銀行預金の残高や有価証券の時価は、おそらくそういう豊かさとは無関係でしょう。インフレになればどんどん目減りし、価値が下落してしまうそんなものが、人生の豊かさだとは思えません。

カン違いしている人もたくさんいると思いますが、社会的な地位とも違います。それは私たちの人生における、一時的な付属品に過ぎません。現役時代は相当な地位にあり、引退後にはじめてそのカン違いに気づかされたと、私に打ち明けてくれた人も1人や2人ではありません。

人生を豊かにするもののひとつは、尊敬する友です。

ここで肝心なのは、〝尊敬する〟というところです。尊敬できない友や、面白おかしいだけの友がいくらいても、人生の豊かさにはなりません。上司の悪口や仕事のグチ、不平不満をいい合う仲間同様、そうした友との付き合いは、たいへんラクですが、彼らはちっとも私を感動させてくれないし、向上させてもくれません。

盲目のアスリート稲葉統也さんは、私が尊敬する友の1人です。

現在51歳になる稲葉さんが失明したのは30歳のとき。経営者として成功し、これからさらに大きく成功しようとする矢先に、「網膜色素変性症」という難病にかかり、視力の喪失を宣告されました。

人生の途上で光を奪われる。先天的な盲目と違って、それまで視覚を頼りに生きてきた人の場合は、一気に不幸のどん底に突き落とされます。

「まるで天から地に落とされたようだった。それまで築いてきた人生が、たちまち崩れ落ちた」

稲葉さんはこう述懐しています。

「涙が流れて止まらなかった。悲しみの涙ではありません。自分はどうなってしまうのかという恐怖で涙が止まらない。自分の家族はこれからどうなるのかという不安の涙です」

奥さんと二男一女の家庭ですが、絶望のあまり、稲葉さんは外出もせず、自分の殻に閉じこもるようになりました。

私たちの脳は、強烈なマイナス感情に支配されると、何としてでも自分を守ろうとします。自分の中に閉じこもる。さらにはもうこれ以上苦しんだり、つらい思いを味わわずにすむ手段として、自ら死を選ぶこともあります。

人間の場合は、自殺すら自分を守る方法になるのです。

稲葉さんも自暴自棄になり、一時は自殺の誘惑にもさらされます。不幸のどん底で倒れる寸前まで追い詰められました。

しかしそんな彼が今は、何とも驚いたことに、にこにこしながら平気でこんなことをいえてしまうのです。

「目が見えなくなるという、最高のチャンスをいただきました」

「目が見えなくなって、見えるものがありました」

この言葉を稲葉さんから聞いたとき、私は雷に打たれたような衝撃を受けました。

稲葉さんは、そこで失明というマイナス価値をプラス価値に転換した――というのは簡単です。能力開発の世界では、しばしばそんないい方をします。

しかし、そこに至るまでの稲葉さんの苦闘を思うと、安易な常套句を使う気にはなれません。

よくいる〝プラス思考信者〟のように、マイナス価値を嫌いながら、否定しながら、それをプラス価値に変えようなどとしても、そんな都合のいいことができる道理がありません。マイナス価値を真のプラス価値に転換するには、そのマイナス価値を素直に受け入れ、男らしく引き受けなければなりません。

プラス価値のみをよしとするような、今日の世界で生きている私たちには、とてつもなくたいへんなことなのです。けれどそれができたときは、とんでもなく大きなプラス価値が生まれます。

稲葉さんは、「盲目」という現実を素直に受け入れ、肯定しました。

それがここにある、「目が見えなくなるという最高のチャンス」「目が見えなくなって、見えるものがあった」という言葉です。

失明がもたらしたどん底のマイナス感情を乗り越えさせ、自分の現実を受け入れさせる転機となったのが、「感謝の力」だったと稲葉さんはいいます。

失明することで、健常者のときは見えなかった、あるものが見えてきた。稲葉さんによれば、それは自分のすぐ近くにありながら、視力を失うまでは目を向けることすらしなかった「家族の絆」でした。

献身的に支えてくれる妻。励まし、応援してくれる幼い子どもたち。

「みんなの一生懸命な姿にふれて、いい気になって絶望している自分の愚かさに気づきました」

はっきり申しあげますが、ここで「なんだ、家族愛の話か」と思う人がいたら、あなたは間違いなく、目が見えていながら、自分のいちばん近くにあるものがまるで見えていない、思いあがった人間の１人です。健常者だった頃の稲葉さんと同じように、ちょっとばかりの成功でいい気になり、「天狗になり、地位や名誉という鎧で自分をおおい、自分勝手で、家族のことなど眼中になく、家のことも、子どものこともすべて妻に任せきり。それで、仕事を口実に飲み歩いている」ような、図に乗った人間に決まっています。

以前の稲葉さんは、小さく成功した人にありがちな図に乗った人間の1人でした。今の姿からは想像もつきませんが、ご本人がそうおっしゃっています。

家族という形態が、ヒトという動物種にもともと備わったものなのか、社会を形成する中で徐々にできあがった社会的文化的なシステムなのか。いまだに学問的な結論は出ていないようです。

ただ、前にもいいましたが、他の動物と同じように、人間を突き動かす本能の中で最も強力なのは、自己防衛本能です。自分を守ることが何より優先されます。したがって私たちの脳は、放っておくとひとりでにマイナス感情になってしまいます。自分を守ろうとするマイナス感情が支配的になり、いつの間にか否定的な脳になっているのです。

しかしそれでは、せっかくの頭脳を生かしきれません。

そこで神様が、脳を肯定的に切り替えるチャンスとして、家族という、私たちの心に否応なく感謝の気持ちを起こさせる対象を与えてくださったのではないか——私には、そんなふうにも思えるのです。

見えないものが心に見えた日から、再出発のための努力が始まりました。歩行訓練、日常生活のこまごまとした訓練、電車やバス利用のような社会生活の基礎訓練。それらを根気よく続ける一方で、稲葉さんは中学時代に打ち込んだ柔道を再開します。

盲目のアスリートの誕生でした。

30歳で途中失明した人が柔道を習う。それがどれほどたいへんだったかについて、稲葉さんは何もいいません。

しかし、2000年にはシドニーパラリンピックの日本代表に選ばれて、5位に入賞。その努力の凄まじさは、私たちにも想像できます。柔道のない国体身障者大会では、ハンドボール投げと、砲丸投げで5年連続優勝を果たしました。

年齢的な体力の衰えから柔道を引退したあと、稲葉さんは一時、スポーツの世界から離れていました。しかし、2020年に東京でのパラリンピック開催が決定したことを機に、投てき競技での出場を目指して、アスリートとして復帰しました。

そして、「54歳（2020年）で頑張っている様子を、同世代に見せたい」という思いを胸に、日々トレーニングに励んでいます。

稲葉さんの言葉で、いつまでも胸に響いている言葉があります。

「私は生まれ変わっても、今の妻や子どもたちと出会いたいと思うし、障害を持って生まれてもいいと思えるようになりました。これもすべて家族のおかげです。苦しさの大きさが、幸せの大きさに変わって帰ってきました」

稲葉さんと一緒にいると、稲葉さんが視覚障害という不自由を抱えていることを、私はつい忘れます。目は見えないけれど、それは生きるうえで少しも不自由ではない。そのことを言葉ではなく、自分の行動でガツンと感じさせてしまう。男として人間として、最も尊敬する友の1人です。

## 感謝の力の存在を脳は知っている

人間は、嬉しいことがなくても感謝できると前にいいました。

ある女性はもう何年も、激痛が全身を襲う原因不明の病気に苦しんでいます。しかしひと晩中苦しんで、痛みがようやく和らぐ明け方になると、自分が生きていることに不思議な喜びを感じるといいます。

そして、こんなふうにベッドの上でしか暮らせない自分に、いつも笑顔で接してくれるご主人に対し、「ありがたい」という気持ちがわいてきて、「私はなんて幸せ者なのか」と思えてくるそうです。

親会社の倒産で仕事が激減し、借金だけがふくらみ続ける。もう自分の生命保険を返済にあてるしかないとまで思いつめた社長さんは、ある日１人の従業員が、黙々と機械を磨いている姿を見て、もう一度頑張ってみる気になりました。

もう動かすアテのない機械でも、一生懸命に手入れするような素晴らしい社員に、会社も自分も支えられてきた。そう思うと、彼らのためにもうひと踏ん張りしなければいけないという気持ちになったのです。

こういう話を聞くと、どん底に落ちるのも悪くないと思います。もちろん私は落ちたくありません。みなさんにも、できれば落ちていただきたくありません。

しかしどん底には、どん底の価値があり、何の希望もない状態だからこそ、見えてくる希望があります。

もうおわかりと思いますが、人間という動物は、マイナス感情だけでは生きられません。どん底に落ちると恐怖や不安、怒り、恨みなどのマイナス感情が、これでもかといわんばかりにおおいかぶさってきます。

脳の中では、ノルアドレナリンのような自己防衛系の神経伝達物質がふつふつとわいてくる。防衛系の神経伝達物質は、私たちの心身に強いストレス現象を引き起こすことになります。

スポーツの例で考えるとよくわかりますが、ストレスほど私たちの能力を低下させるものはありません。野球のホームランバッターも緊張しすぎると、腕や肩に力が入りすぎ、バッティングフォームが崩れて、絶好球さえ打ちそこないます。

身体能力に限りません。思考力や判断力、分析能力、コミュニケーション能力、さらには自己コントロール能力まで、面白いように下がってしまうのが、ストレス状態なのです。持てる力を発揮できなくなり、ますます深みにはまっていく。ますますマイナス感情があふれてきて、ますます自己防衛的になっていきます。

自分の力で何とかなると思ううちは、安心してください。まだまだ、どん底ではありません。もっと深いどん底が待っています。

もう自分の力では、どうにもならない。マイナス感情に打ちのめされたとき、それを待っていたかのように、脳の中である変化が起こります。

扁桃核が、喜びを見つけはじめるのです。

たとえば、日本人の大部分は、今、満ち足りた食生活を送っています。魚沼産コシヒカリや宮城のヒトメボレならいいけれど、外国米はイヤだなどと贅沢をいっています。しかし食料不足に陥り、日本の米が底をつけば、外国米がどれほど美味しく感じられることか。満ち足りていたときは「イヤだ」「食べたくない」と反応していた扁桃核が、「嬉しい」「美味しい」と反応し出す。

扁桃核の判断基準が変わるのです。

それまで当たり前だと思っていた妻の愛情、子どもたちの応援、友の思いやりや仲間の励まし……そういうものにも感謝するようになります。生きているという、ありふれた事実まで、「ありがたい」と思えてきて、「自分は生かされている」だの、「生きているだけで素晴らしい」だのと、ヘンに感動したくなるのです。

なぜなら私たちの脳は、自分をよく知っているからです。感謝という心の動きが、喜びというプラス感情をわき出させることをちゃんと知っています。そして、その喜びが力を与えます。どん底からはいあがるパワーを与えたり、生きるエネルギーを引き出したりするのです。

## 感謝の多くは理屈で完結している

何度もいいますが、人間とはじつに奇妙な生き物です。

幸せなときや絶好調のときは、「ありがたい」とはツユほども思わず、いい気になって図に乗っているくせに、どん底に落ちるとその苦しみの中で、はじめて「ありがたい」という気持ちがわいてきたりします。

この世で元気に働いているあいだは、妻の手を握って感謝するどころか、空気と同様、そのありがたみをすっかり忘れていながら、つらい病気になるとか、そろそろお迎えが来そうな気配になると、妻の手を握りたくて仕方なくなります。

けれどどうせ最後に握るなら、もっと若いうちに、もっと元気なときにしっかり握って、「ありがとう。おれがこうしていられるのも、おまえのおかげだ。本当にありがとう。おまえのために頑張るよ」といえばよかったのに、と思いませんか？

どん底に落ちた最悪の状況で、やっと人のありがたさを感じ、苦しみの中でようやく感謝するぐらいなら、いっそどん底に落ちる前にありがたさに気づき、それに感謝して、「自分は助けられているんだ」「支えられているんだ」「運が強いのだ」と確信しながら生きていくほうが、ずっといいと思いませんか？

そのほうが間違いなくいい人生が歩めるだろう、プラス感情が優位になった肯定的な脳で、もっと有意義な人生を送れるだろう――というのが、この『10人の法則』です。

つまり、こうです。

「あなたが感謝すべき人、10人の名前をあげなさい。そして1年以内に、10人全員にあなたの『感謝』を伝えなさい」

「なぜこれを〝法則〟と呼ぶのですか？」と、ときどき尋ねられます。それを実行すると必ず成功するとか、必ず幸せになれる、そんな法則があるからではありません。じつは、どんな人にも該当する、次のような経験則があるからです。

**・人は嬉しいと、感謝したくなる**
**・人は感謝すると、嬉しくなる**

人間の脳には、こういう不思議な現象が起こるのです。

前もってお断りしておきますが、これは能力開発や自己啓発のセミナーで行われる「エクササイズ」でも、「ロールプレイング」でもありません。新しい能力が開発されるとか、新しく何かに気づくといったものとも違います。

これはひとつの生き方であり、生き方の実践です。

ですから手紙や電話という手段を用いるのは禁止です。リアルな反応が返ってこないような、安直な手段では意味がありません。ましてや携帯メールで、ピッピッピッとやってすまそうなどというのは論外です。

あるいは理屈脳の感謝を伝えるだけなら、それでもいいのかもしれません。しかし『10人の法則』の目的は、感謝を伝えることだけではありません。

理屈脳の感謝なら、誰でもしています。

「あなたは、ご両親に感謝していますか？」と尋ねたら、よほどのヘソ曲がりでもなければ、ほとんどの人は「感謝している」と答えるでしょう。

社長さんに聞けば、「お客様に感謝している」「社員のおかげ」という答えが、１００％返ってきます。社員のほうも、「こんな会社はつぶれてしまえ」と思っている人は、まずいません。「会社にはお世話になっている」「上司に感謝している」。大部分の人はそう考えています。

しかしそこに、大きな誤解があるのです。

みなさんが口にする「感謝している」は、じつは「感謝しなければいけない」「感謝すべきだと思っている」の意味であることがほとんどです。

理屈では感謝しているけれど、感情脳は動いていない。だから喜びもわきあがってきません。

そういう理屈脳の感謝を感情脳に落とし込むのが、この『10人の法則』です。

「今さら恥ずかしくて、感謝なんて伝えられない……」

「1人や2人なら何とか頑張ってみるけれど、10人となるととても……」

みなさんのそんな声が聞こえてきそうです。

敢えていいますが、だからこそ意味があるのです。強烈な体験となり、感情脳に落とし込めるのです。

・『10人の法則』を実行すると、これまでの人生がいかなるものであれ、自分の過去を肯定できる。
・『10人の法則』を実行すると、多くの人に支えられてきた自分が好きになり、人のことも好きになる。
・『10人の法則』を実行すると、自分の未来がはっきり見えてくる。
・『10人の法則』を実行すると、自分ほど運のいい人間はいないと確信できる。

## 恩人に報いる最大の恩返し

かつて、人生の師がこんな話をしてくれました。

「世の中でいちばん不幸なのは、どんな人間だと思う？　病人でも貧乏人でもない。この世でいちばん不幸なのは、決して〝ありがとう〟をいわない人間だ。次に不幸なのは〝ありがとう〟をいっても恩返ししない人間。3番目は、〝ありがとう〟を唱えただけで、恩返しはできたと思っている人間だ」

ここ数年で、「感謝」「ありがとう」という言葉を頻繁に耳にするようになりました。スポーツ選手や芸能人のインタビュー、ヒット曲の歌詞、本のタイトル……。まるで「ありがとう」が一種の流行語になったかのようです。

一方、「恩返し」という言葉は、とんと聞かなくなりました。「鶴の恩返し」や「猫の恩返し」はありますが、「人間の恩返し」の話はめったに耳に入ってきません。

念のために申しあげますが、人生の師がいわれる「恩返し」とは、お歳暮の季節にはビールの詰め合わせや、商品券を忘れずに贈れということではありません。

本当に感謝したら、人はイヤでもその喜びを行動であらわしたくなり、その人のために何かせずにはいられなくなる。口先だけでいくら「ありがとう」といっても、恩返しをしないのは、しょせん頭で考えた感謝であり、感謝の喜びが足りないからだと師はおっしゃったのです。

今あらためて思うと人生の師は、私のことを叱っていたに違いありません。

「おまえには感謝の気持ちが足りない。このままではロクな人間にならないぞ」

たぶん、感謝の「か」の字もない、生意気な若造を諭すつもりだったと思います。

しかし当時の私は、ツユほどもそれに気づきませんでした。「それなら世の中の人は、みんな不幸ですね」などと減らず口をたたいていました。

『10人の法則』でも、いちばん大切なのは恩返しです。

恩人を訪ねるときは、手ぶらではいけません。感謝のしるしとして、せめてお土産のひとつも持っていく必要があります。

少し奮発して、虎屋の羊羹のような、少々値の張るお土産を持っていくのも大いにけっこうです。きっと喜んでいただけるでしょう。けれど恩人がいちばん喜んでくださるお土産は、たぶん羊羹ではないと思います。

あなたにできる最大の恩返し、いちばん喜んでもらえる感謝のしるしは何であるかといえば、その人からいただいた恩をムダにすることなく、その恩に報いるために懸命に頑張り、自分の夢を実現していくことです。

恩人のところに持っていって、いちばん喜ばれるお土産はそれです。

自分はどんな恩返しをしたいか、それをしっかり伝えてください。

## 恩返しは嬉しい義務である

たとえば、私の若い門下生の1人は、自分が働く業界のトップになることを「父への恩返し」と決めています。

彼の場合、警察官の父親が殉職したのは小学生の頃でした。天国にいる父親に見てもらうには、少しでも天国に近いところへ行かなければ……。

幼心にそう思った少年時代、彼は父親に会いたくなると、屋根に上って星を仰ぎ見ていました。

「業界でトップになることを父への恩返しにしたのは、そんな思い出があったからです」

彼がこう話してくれたことがありました。

紆余曲折を経て、今の業界に飛び込んだとき、彼はこう誓います。

「この業界のトップになろう。儲けだけでトップになっても、おやじは喜んでくれないだろう。おやじが世の中のために命を捧げたように、この仕事を通して世の中に役立つ、その意味でもトップになろう」

その話を聞いて、彼ならその恩返しを実現するだろうと、私は確信しました。居酒屋グループ「てっぺん」の創業者であり、今や一大イベントとなった「居酒屋甲子園」の初代理事長であり、さらに現在は「朝礼から日本を元気にする」という大きなスローガンのもと、「日本朝礼協会」を設立して理事長として活躍する大嶋啓介という名前は、たぶんご存知の方も多いと思います。

勝負の世界では、教えを受けた弟子が師匠に勝ち、師匠を乗り越えることを「恩返し」

といいます。なぜそれが恩返しなのかといえば、師の教えがその弟子によって生かされ、花開くからです。

あなたの夢も、〝自分〟だけの夢ではありません。

あなたがこれから実現しようとする夢は、あなたの夢であると同時に、ご両親をはじめ、あなたのまわりにいて、これまであなたを支えてくれた人たち、今支えてくれている人たちの夢でもあるのです。

その人たちのために、あなたは自分の夢を実現する――。

こんなふうに書くと、ちょっときれいすぎるでしょうか。現実とかけ離れた理想論のように思う人がいるかもしれません。

しかし、理想でも何でもありません。

たとえば、野球のイチロー選手は、なぜあそこまで自分に厳しく努力でき、頑張れるのでしょうか。イチロー選手自身は、もしかしたら気づいていないその答えを、私は知っています。

それは彼の目標が、彼だけの目標ではないからです。少年時代に野球を教え、ともに努力し、支え続けてくれたお父さんの目標でもあるからです。

そう思って、スポーツや芸の世界を見てください。超一流と呼ばれる人たちには、幼い頃から親の大きな夢を背負い、父親（あるいは母親）との二人三脚で、本気の努力を続けてきた人が非常に多いのです。驚くほど多いことに気づきます。

この本の読者には、まさかいるとは思いませんが、「うちの親はそうではなかった」「おれのおやじもイチローパパみたいだったら」などと、中学生みたいなことを考える人がいたら、遠慮なく「大ばか者」と呼ばせてもらいます。

あなたのご両親は、もっと慎ましかっただけです。イチローパパや福原愛ちゃんのママのように、自分の夢をあなたに押しつけたりはしません。けれどあなたに夢を託し、あなたの人生を自分の夢としたことに変わりありません。

だからあなたには、恩返しする義務があるのです。

あなたはお世話になった人すべてに、そういう義務を負っています。しかしそれはつらい義務ではありません。感謝という喜びをともなった、嬉しい義務です。

『10人の法則』は、自分の夢は自分だけの夢でないことを確認し、自分の人生は自分だけの人生ではないことを自覚する作業です。

それと同時に、それらを通して、これまで自分を守ることばかり考えていた、ちっぽけな〝自分〟を超えていく作業です。

## 10人の恩人に感謝を伝える

それでは、あなたが感謝すべき10人を具体的にあげてみましょう。

128〜129ページのスペースに10人の恩人の名前を書き出してください。

ここまで読んできて、「よし、やってみようか」という気になった人は、必ず書いてくださいね。

はっきり予言しておきますが、今この作業を行わない人は、間違いなく『10人の法則』を実行しない人です。

ここにあがった10人に、あなたはこれから1年以内に、自分の感謝をしっかり伝えてください。

また、その人たちを喜ばせるために、どんな恩返しをしたらいいか、どんな恩返しをするつもりか、それもはっきり決めてください。

人間は嬉しいと感謝したくなる動物ですから、手がけていた仕事が成功したり、自分の努力が実を結んだり、あるいは結婚や出産、昇進のような嬉しい出来事があったときに行動に移すと、たぶん実行しやすいでしょう。

しかしその反対に、つらいとき、苦しいときに敢えて実行するのも意味があります。感謝の喜びがいっそう大きくなり、いっそう大きな感謝の力が得られます。

恥ずかしく思ったり、「ヘンなヤツと思われやしないか」と心配する必要はありません。なぜならその人たちは、あなたの恩人であり、あなたの味方であるからです。

最後に、次の言葉をみなさんに贈りましょう。

行動しなければ、何も変わらない——。

名前

恩返し

| 名前 | | | | | |
|---|---|---|---|---|---|
| 恩返し | | | | | |

# 第3章

# 喜びが心の枠を壊す

## 『10人の法則』活用編

## 自分のツキは友人のツキ

ここでは『10人の法則』活用編と題して、『10人の法則』を能力開発的に応用してみようと思います。

〝能力開発的に応用〟といっても、特別目新しいものではありません。成功した人は、意識的に、あるいは無意識的に、必ずやっていることであり、成功しなかった人はたぶんやらずに来てしまった方法です。

以前、『面白いほど成功するツキの大原則』という本に、こう書いたことがあります。

「ツキとは出会いである」

「ツキは、他人が運んできてくれるものだ」

つまり世間にはお金を拾ったり、宝くじに当たったりすることをツキだと思っている人がたくさんいるけれど、そんなものはツキでも何でもないと申しあげました。

そもそも財布を拾って、ツイてるも何もありません。それをポケットに入れてしまうのは、よほどツキのない人たちだけで、ふつうはおまわりさんに届けます。

またツイている人は、宝くじなどで儲けようとは考えません。宝くじで儲けようと考えるのはたいてい、ふだん儲けるチャンスの少ない人であり、さらに持ち慣れない大金で人生を狂わせることもあるような、リスキーな1等などに、不幸にして当選してしまったりするのは、相当にツキのない証拠と考えられます。

ツキとは、もともと拾ったり当てたりするものではありません。それは出会いであり、自分以外の誰かが運んで来てくれるものです。

ということなら、どうしたらツキのある人間になれるかは、おのずと明らかです。ツキを運んで来てくれそうな人と、積極的に付き合えばいいのです。

あなたは今、ツキを運んできてくれそうな人と付き合っていますか？

**自分がツイてる人間であるかどうか知りたければ、親しい友人10人をあげ、その中にツキのある人、ツイてる人が、何人いるか数えてみる**

これであなたはツキのある人間かどうかが、ほぼわかります。

大成功者が「親しい友人10人」をあげたら――。その中に、夜な夜な居酒屋に集まってグチや悪口、不平不満を垂れ流しているようなツキのない友、運のない友が混じっているなどということは、まず100％ありません。

はっきり申しあげましょう。

ツキのある人は、ツキのない人間が嫌いです。

一方、ツイていない人も、ツイている人間が大嫌いであり、大の苦手です。

どうしてかというと、一緒にいてもちっとも面白くないからです。

好き・嫌いの感情のもとになるのは、扁桃核の反応だとお話しました。ツキのある人の扁桃核は、ツキのない否定的な脳がまき散らすマイナス感情やマイナス思考のスモッグが、たまらなく「不快」なのです。

反対に、ツキのない扁桃核は、ツイてる人間のプラス感情、プラス思考に出会うと、とたんに「不快」と反応してしまいます。「あいつは調子に乗りすぎだ」とか、「エラそうに」「どうせムダなのに」「本気になるなんてカッコ悪い」……。

それで思い出すことがあります。

2013年に冒険家の三浦雄一郎さんが、史上最高齢の80歳でエベレスト登山に挑んだときのことです。私が乗った新幹線の隣の席で、サラリーマン風の2人がこんな話をしていました。

「年寄りはおとなしくしていればいいのに」「遭難でもされたら迷惑だ」「どうせテレビ局が金を払うんだろう。一種のやらせだよ」

私もその日、登頂のニュースを見て、「三浦さんは80歳か。おれもまだまだ頑張らなければ」と、勇気づけられたばかりだったので、同じニュースをそんな気持ちで聞く人間もいるのかと仰天しました。三浦さんと、このサラリーマン風が友だちになれるとは絶対に思えません。

こうして人は、「類は友を呼ぶ」という言葉の通り、知らないうちに自分に似たタイプの人間を友とするようになるのです。

じつはそれが心理的にも、能力的にも、また運勢的にも、自分の可能性を制限することになるのですが、ほとんどの人は、無意識のうちに「類は友を呼ぶ」の法則に従って生きています。
たぶんそのほうが、居心地がいいからです。
人間は居心地のよさに、なかなか逆らえません。

## なりたい人といると意識が変わる

あなたの友人10人の中に、「この人はツイている」と思う人は何人いますか？

「ツキがある」で友人関係の検索を行うのが難しければ、「勢いがある」「確実に伸びている」でもかまいません。

① 10人中10人
② 10人中5～9人
③ 10人中1～4人
④ 10人中0人

念のために申しあげておきますが、今、付き合いのある友に限ります。学生時代の仲よしで、この頃は縁遠くなったけれど噂によると出世し、ずいぶん活躍しているらしいなどという場合は、外してください。あくまで現在も付き合っている親しい友人です。

①の人は、間違いなく成功できる人です。友だち全員がツイているということは、「類は友を呼ぶ」の法則からして、あなたも十分ツイている証拠です。

しかし③や④であっても、悲観する必要はありません。

自分のツキのなさを変えるには、ツキのある人と付き合えばいいのです。けれどツキのない人は、扁桃核が邪魔して、無意識のうちにツキのある人を敬遠してしまいます。ですからこれからは意識的に心がけて、ツキのある人間と付き合うように努力しなければいけません。

では、具体的にどんな人と付き合ったらいいのでしょう。

金持ちになりたければ、10人の金持ちと付き合え
やる気のある人間になりたければ、10人のやる気のある人間と付き合え
頭のいい人間になりたければ、10人の頭のいい人間と付き合え
美人になりたければ、10人の美人と付き合え

答えは簡単です。自分が「私もこうなりたい」と思うような人。そういう人こそ、あなたに最高のツキを運んできてくれる人です。

ただしツイている人間は、否定的な脳が大嫌いですから、彼らと付き合うときはウソでもいいから肯定的な脳になることを心がけてください。10人も付き合えば、そのウソがだんだん本当になっていきます。

この『10人の法則』を実行できたら、「お金持ちになりたい」「やる気のある人間になりたい」「頭のいい人間になりたい」「美人になりたい」というあなたの願望は、100％実現することを私が保証します。

なぜなら彼らは、あなたに2つのプレゼントを持ってきてくれるからです。

ひとつは、「気づき」です。

たとえば、お金持ちとは、たくさんお金を持っている人のことではありません。お金持ちになる方法を知っていて、それを実行している人です。宝くじやサッカーくじで何億円儲けても、それを増やす方法を知らず、使うしか能のない人は、お金持ちとは呼べません。少なくとも私はそう考えています。

お金持ちと付き合う。それはお金持ちになるノウハウを学べるということです。そのノウハウは、株の買い方や売り方、ファンドの選び方といった戦術的なテクニックではありません。それもあるかもしれませんが、そういう戦術や戦略なら友でなくとも、専門のコンサルタントに聞けば教えてくれます。あるいは本を読めば、いくらでも習得できます。

友が教えてくれるのは、戦術や戦略でなく、心のあり方です。

お金持ちと、そうでない人間のいちばん大きな違いは、お金に対する、あるいは「稼ぐこと」「儲けること」に対する意識の違いです。これについてはどんなコンサルタントも教えてくれないし、どの本にも書いてありません。

実際、お金儲けのテクニックに関する本は山ほどあります。しかしあまり役立たないのは、その本を書いた成功者と、それを読む人とでは、お金に対する、あるいは「稼ぐこと」「儲けること」に対する意識、心のあり方が大きく違っているからです。

一例をあげてみましょう。この本の冒頭に登場してもらったAさんもそうですが、お金持ちになる人には預金通帳を持ち歩いて、暇があるとそれを眺めている人がけっこういます。「こんなに儲かった」と悦に入るためではありません。

儲かった喜びを噛みしめながら、彼らが何をしているかというと、「これをさらに倍にし、もっと大きな喜びを感じよう」とモチベーションを高めているのです。

暇があると預金通帳を眺める、そんなことまでして金持ちにはなりたくない——私なら、そう思います。もうそこで、私と、Aさんのような人とは、お金に対する意識がまるで違っていることがわかります。

10人のお金持ちと付き合うことで学べるのは、お金を稼ぐ人の心のあり方です。

やる気のある人と付き合えば、やる気を出せる心のあり方に気づきます。

10人の美人と付き合えば、間違いなく美人になれます。お化粧の仕方やスキンケアのやり方を教えてもらえるからではありません。もちろん優秀な美容整形クリニックを紹介してもらえるからでもありません。

意識の置きどころ、心のあり方に気づく。これはあなたの付き合う、「自分もこうなりたい」と思う人が、あなたに運んで来てくれる第一のツキです。

第二のツキは、「本気」です。

## なりたい人といると限界が壊れる

私は常々不思議でならないのですが、お金のない人は、なぜかお金がないことに悩んでいます。たくさん稼ぐ方法や、もっとためる方法はないものかと悩むならわかります。しかしそうではなく、金がない、金がないといって悩んでいます。

その結果、金欠状態を手っ取り早く解消しようと、サラ金や消費者金融でお金を調達し、ますます悩みを大きくしてしまうのです。

稼ぐ方法、ためる方法で真剣に悩んでいるのは、むしろお金のある人たちです。

お金のない人は、どうして稼ぐ方法や、ためる方法で悩もうとしないのか。

ここには、興味深い心のメカニズムが働いています。

「もっとお金を稼ぐには、どうしたらいいか」

「どうしたらもっとお金をためられるか」

お金のない人が、そういう問題の立て方をしないのには理由があります。

この人たちの多くはこれまでに、お金を稼いだり、ためたりした経験がなく、経験がないために、自分にそれができるとは思えなくなっています。したがって、稼ぐとか、ためるという方向よりも、借りることで、場合によっては非合法な手段に訴えることで、直接的に補おうとする方向へ発想がいってしまうのです。

人間の可能性とは、持って生まれた能力でも、希望でもありません。私たちの脳が、私たちの知らないうちに、これまでの経験から導き出してくるものです。

「ノミのサーカス」という有名な寓話があります。

昔、ロシアのコーカサス地方に、「ノミのサーカス」という見世物がありました。ノミが飛び跳ねる様子を人々に見せるのですが、ノミは本来、自分の体の何百倍、何千倍という凄いジャンプ力を持っています。

したがって、ノミが高く跳ねて逃げ出さないように、ある工夫が施されています。小さな箱に入れて育てるのです。小さな箱の中では、ノミもピョンピョン跳べません。ちょっと跳ねると、すぐ天井に頭をぶつける。それを繰り返すうちに、自分の跳躍力はここまでなのだと思い込んでしまう。ノミの場合は、たぶん体が覚えてしまうのでしょう。

そうなったノミは、外に出しても天井の高さまでしか跳びません。本当はその何倍もの跳躍力があるのに、そこにはないはずの〝天井〟というメンタルな限界に支配され、自分の持てる力を発揮できなくなるのです。

はたして、この話にあるような「ノミのサーカス」なるものが、現実にあるのかどうか私は知りません。専門家の研究によると、ノミが跳べるのはせいぜい30センチ前後だそうです。その程度のジャンプ力で見世物になるかどうかも、はなはだ疑問です。

しかしこの話は、非常によくできています。

じつは私たちもこのサーカスのノミと同じように、本当は存在しない天井＝限界を心の中に持っていて、それを超えて高く跳ぶことができずにいます。

たとえば、これまで儲かったことのない会社の社長さんは、会社経営とは苦労ばかり多くて儲からないものだと思い込み、自分の会社が儲かるところをイメージすることもできなくなっています。その経営的な発想も、儲からない会社の社長のそれになるので、チャンスに出会っても自己防衛的な安全策が優先され、いつまでも儲からない会社のままでいることになるのです。

年収400万のサラリーマンで、まわりにいる上司の年収もせいぜい500万、600万。そんな会社に長年勤めた社員は、自分の年収が1000万、2000万になるとは、夢にも思えなくなっています。それで働きのほうも、年収400万にふさわしいサラリーマンに、いつの間にかなってしまうのです。

恐ろしいのは、心の中にある目に見えない天井です。

高校野球でも地方大会の1回戦、2回戦で敗退し続けていると、「目標は？」と聞かれても、「甲子園出場です」とは答えられなくなります。「おれたちが甲子園に行けるはずがない」という天井＝限界が、心の中にできあがっているからです。自分たちにそんな力はないと思い込んでいます。どんな猛練習を積んでも、〝ない力〟は発揮できません。

しかし無名のノーシード校が、あれよあれよという間に地方大会を勝ち抜き、甲子園でも強豪を倒す予想外の大活躍をして、人々を驚かせることがまれにあります。

たとえば、２００７年春の大会で優勝した常葉菊川は、はじめて地方大会に出場し初戦敗退してから、わずか11年目での快挙でした。

２００４年夏の甲子園で、北海道に史上初の優勝旗を持ち帰った駒大苫小牧の大活躍も、おそらくみなさんの記憶にもいまだに残っているのではないかと思います。それまでは、地方大会でそこそこの成績をあげるのが精一杯だった高校でした。

どちらのチームにも、私どもがメンタル指導で入りました。入って最初に行ったのが、心の中にできあがった、目に見えない天井＝限界を取り除くことでした。

１回目の指導で、「甲子園出場」どころか「甲子園優勝」という、とてつもなく非常識な目標を掲げたトレーナーに対し、父兄から「甲子園はいいから、まず隣の高校に確実に勝ってほしい」という声があがったほどです。そんなチームでも、これまでの経験がつくり出す心の限界さえ外してやれば、日本一にもなる実力を平気で発揮しだすのです。

はっきり申しあげておきますが、全国４０００校——土日もなく、夏休みもなく毎日夜の8時、9時まで、砂まみれになって練習している学校も少なくない4000校のトップに立つより、あなたがお金持ちになるほうがはるかに簡単です。

大切なのは、同じような限界、目に見えない天井が、あなたの心にも存在しているということです。ですから大きな目標を掲げても、本気になって突き進めないのです。

この『10人の法則』は、私たちの心の中にいつの間にかできあがってしまった、目に見えない天井＝限界を突き崩すためのものです。

もう一度、繰り返しましょう。

・金持ちになりたければ、10人の金持ちと付き合え
・やる気のある人間になりたければ、10人のやる気のある人間と付き合え
・頭のいい人間になりたければ、10人の頭のいい人間と付き合え
・美人になりたければ、10人の美人と付き合え
・年収2000万円のサラリーマンになりたければ、年収2000万円のサラリーマンと付き合え

**・東大に合格したければ、東大生と付き合え。東大以外の大学を目指している受験生ではなく、東大を目指している受験生と付き合え**

ちなみに東大生には、両親のいずれかが東大卒だったり、親戚に東大を出た人がいたりするケースが多いことは、よく知られています。

だから遺伝的に頭がいい、ということではありません。彼らにとっては、東大に入ることは特別なことでも、難しいことでもないのです。つまり、「東大に入るのは難しい」という天井＝限界がないので、「東大に入るのは難しい」「入れないかもしれない」と思っている受験生より、はるかに本気で努力できるのです。

この法則の狙いもそこにあります。

10人の金持ちと付き合えば、金持ちになることは難しいことでなくなります。なぜなら目の前に、それを実現してしまった人がいます。金持ちになるのが難しいと思っているのは、間違いなく金持ちの友だちがいない人です。

## 同業種では活路が開けない

仕事で困ったことがあると、私は会社の幹部に相談します。困ったときは、私などよりはるかに実務に通じた幹部はとても頼りになります。

しかし仕事で悩んでいるときは、幹部にも相談できません。なぜなら悩みというのは、たいていこれまでのやり方が行き詰まったときに出てきます。一緒に仕事をしてきた幹部は、私と同じように従来の発想で生きているからです。

そういうとき私は、自分とは別の世界の人間に相談します。

- **困ったときは会社の幹部に相談する**
- **悩んだときは異業種の人に相談する**

これが私のやり方です。

業界が違うと、ものの感じ方や考え方が違います。相談というほど大げさなものでなくても、異業種の人と会って話をします。

いろいろ話すうちに、思いがけないヒントにぶつかったり、別の角度から問題を見直す手がかりをつかんだりすることが多いのです。

## 悩みを解決したければ、異業種の10人と付き合え

異業種の人間とは、意識的に出会うことを心がけなければ、容易に出会えません。そういう心がけがなければ、親しくなるのは、たいてい同じ業界の人です。親しく話せる友は同じ職場にしかいないという人もいます。いえ、実際にはそういう人が多いのかもしれません。その傾向は、年齢が高くなるほど強くなります。

同じ会社の人なら、話題もたくさんあるでしょう。仕事のグチ、会社の悪口、上司への不平不満で盛りあがることも期待できます。とても気楽です。

けれど「気楽さ」「面白さ」だけで友を選んでいると、本当の悩みに遭遇したときに、

相談できる相手が誰もいなくなります。

近頃は物騒な事件が相次いで起こり、私も心を痛めていますが、相談相手がいないというのが、犯罪に走る人間に共通する特徴のひとつです。家族はもちろん、職場や学校にもいない。みなさんにも、ぜひ覚えておいてほしいのですが、人は、自分以外の人の声に耳を傾けないと、発展性のない一生を送ることになります。

なぜかというと、私たちの脳は〝過去〟を生きているからです。

人間の脳は、これまでの経験というデータベースに基づいて物事を感じたり、考えたり、判断しています。お金を儲けた経験のない人は、その経験が長くなるほど、自分には儲ける才能がないと強く思い込むようになるし、イヌに噛まれて死にそうな恐怖を味わった人は、どんなに可愛いイヌも抱いてみたいとは思えなくなります。

儲かった経験のない会社の社長さんは、どんな素晴らしいアイデアを思いついても、新しい事業展開に二の足を踏むようになるし、どんな画期的な新商品を開発しても、思い切った販売戦略を打ち出せなくなります。注文の電話がどんどんかかってくるというプラスイメージではなく、倉庫が返品の山になるというマイナスイメージが、振り払っても振り払ってもわいてくるからです。

それとは逆の場合もありえます。過去に成功体験のある経営者は、その成功の記憶に縛られ、新しいチャレンジができなくなる。世の中は日に日に変わっているのに、過去の成功体験を繰り返そうとすれば、その結果はいうまでもありません。

こうして多くの人は、これまでの感情パターン、思考パターンを繰り返し、過去の自分を再生産しながら、その延長でしか未来を生きられなくなるのです。

これまでの経験という枠の中でしか人は感じられないし、考えられない。私たちの脳は、そういうありがたくない宿命を負っています。

ですから、自分以外の人の声に耳を傾けなければなりません。〝自分〟という枠を壊してくれるもの＝ツキは、いつも他人が運んで来てくれるのです。

**発展性のある人生を歩みたければ、楽しいだけでなく、真面目に相談できる友、真面目に人生を語り合える友を10人つくれ**

ひと昔前、異業種交流ということが盛んにいわれ、あちこちに会ができました。この頃はあまり聞かなくなりましたが、交流会が失敗するのは、顧客獲得とか販路拡大、事業の提携など、何かの実利を期待して参加する人が多いときです。

私が行っている「西田塾」の卒業生でつくる会があります。これは、みんな思い切りアホになって、大きな夢を語り合おうという会なのですが、ここがかっこうの異業種交流会になっています。

多種多様な業界の社長さんやビジネスマン、プロのスポーツ選手、法律や会計の専門家、医療関係者、芸術家、世界的な登山家や漫画家、スナックのママさんまでいます。

その人たちが集まって、お酒を飲みながら語り合う。ときにはそこから実利が生まれることもあります。

しかしそんなものなどなくても楽しいし、面白い。念のために申し添えておきますが、お酒を飲むから楽しいのではありません。異業種の人と仲よくなり、その人に啓発されたり、自分の世界が広がったりすることが無性に楽しいのです。

別の世界で仕事をしてきた人は、別の思考方法や発想を持っています。異なる種類の情報も所有している。人生観や仕事哲学も違う。それが自分の仕事や人生に、考えるヒント、思考転換のきっかけを与えてくれます。

実際、この夢を語る会のメンバーにも、仕事のやり方や考え方が変わったという人がたくさんおられます。いえ、ほとんどの人は何らかの刺激や影響を受けている。なかにはそこで聞いた他業種のやり方をパクッて応用し、ちゃっかり成功した人もいます。

みなさんも今日からぜひ、他業種の友を積極的に増やしてください。

セミナーや勉強会などに顔を出すという手もあります。そういうところには、あなたが「こうなりたい」と思う人がたくさんいます。

すでにあなたのまわりにいる他業種の人と、互いの仕事や夢について語り合うのもいいでしょう。学生時代の友人、親戚のおじさんやおばさん、いとこ、あるいは地域活動やPTAの仲間……。同じメンバーと、いつもつるんでいるより、夢の実現という点でははるかに効果的であり、確実に前へ進めることは、私が保証します。

## 恋愛に失敗は存在しない

男は、女によって成長する――。

ある有名な作家の言葉です。昔、それを読んだときは、「へえ」と思っただけでした。しかし歳を重ね、とくに人を育てる仕事に長く携わってみると、「まさにその通りだ」と納得させられます。

多くの女性と付き合った経験のある人は、なぜか人間的に幅があり、心が柔軟です。人の心理を的確に読むし、相手を喜ばせることも上手です。

一方、1人の女性としか恋愛経験がなく、そのまま結婚したような人は、たいてい生真面目ですね。正直にいって、面白さに欠けるところがあります。

「おれはそんなことはない」と怒らないでください。一般にはそういう傾向があるという話です。

もっとも生真面目だから恋愛経験が少ないのか、恋愛経験が少ないから生真面目になってしまったのかはわかりません。もともと柔軟性があり、人を喜ばせる能力が高いから恋愛も得意なのか、それともたくさんの恋愛を経験するうちに、だんだん柔軟性が出てきたり、人を喜ばせるのが上手になったりするのか。これもわかりません。

ただ、ひとつだけいえることがあります。

「恋愛と仕事はとてもよく似ている」

どちらも勇気がなければ、前に進めません。勇気を出してチャレンジすれば、たとえ失敗しても、大きな財産が残るところも同じです。

そこにあるのは学習です。したがって、スキルがアップします。しかしそんなことより重要なのは、〝自分〟の枠を壊せるということです。少なくとも経験しないより、経験したほうが、いくらか枠が広がる。恋愛も仕事も本気で取り組めば、今までの〝自分〟であり続けることを許してくれないからです。

どちらも古い自分を壊し、新しい自分をつくり出すプロセスです。

ですから恋愛にも仕事にも失敗はありません。後輩に失敗の10個も話せるぐらいでなければ、いい恋愛もいい仕事もできないでしょう。

## 自分の「枠」を広げたければ、10人の異性と付き合え

既婚者にこれをいうと、いろいろ弊害が出そうなので、独身の人にだけおすすめしますが、若いうちはたくさん恋愛をしてください。ただし性交渉だけが目的の恋愛では、人たらしのスキルしかアップしません。

命を削るような恋とはいいません。しかし、本気の恋愛をしてください。

本気の恋愛の条件は、これも仕事の場合と同じで、「逃げない」「ごまかさない」「相手を大切にする」の3つです。

10人の恋人と出会えば、異性というものがよく理解できます。幸か不幸か、自分のこともよくわかってしまう。つまり、人間というものがわかってくるのです。

それは結婚したあと、奥さんを幸せにし、幸せな家庭を築くのに必ず役立ちます。

またそれは、消費者や、顔も見たことのないエンドユーザー、来店してくださるお客さんの心をつかむうえでも、間違いなく役立ちます。

最後にもう一度、くれぐれも注意しておきますが、すでに結婚している人は、この『10人の法則』だけは実行しないでください。まかり間違えば、死の床で手を握ってくれる大切な人を失うことになりかねません。

## 先祖がいたから自分がいる

ふだん忘れていますが、たいていの人には先祖というものがあります。自分の両親、両親の両親、またその両親というように数えていくと、たった20代さかのぼるだけで、誰にも1０4万8５7６人ものご先祖がいる計算になります。

「私には先祖がない」とか「3代前に突然降ってわいた」という人は、この世に1人もいません。たぶんいないだろうと思います。

もしいるとしたら、その人は神様で、仏教でいうところの自性の存在――「それがあるからこれがあり、これがあるからそれがある」という〝縁〟の法則と無関係に、自分1人だけで存在できるもの――に違いありません。

自性の存在である神様を除くと、人は必ず自分の背後に、たかだか20代、時間にして600年ほどのあいだに、104万8576人というおびただしい数のご先祖様を背負っていることになります。

信じられないかもしれませんが、これは政令指定都市の千葉市や仙台市の人口に匹敵します。

その仙台市の人口の1人でも欠けて、104万8575人になっていたら、間違いなくあなたはこの世に存在しませんでした。

私たちが今、こうして生きている——好きな夢を持ち、それを実現しようと懸命に努力できるのも、悩んだり苦しんだり、また喜ぶことができるのも、あるいは仕事が面白くないとお酒を飲みながらグチをこぼせるのも、みんなご先祖様のおかげです。

ご先祖様の無数の命がひとつになり、遠い過去から未来へ向けて滔々と流れていく、その流れの先端に、あなたも、私もいるわけです。

じつはこの話も、人生の師から聞いた話です。

場所は、やはり銀座のクラブ。唐突に、「おまえ、今、幸せか?」と尋ねられました。

気持ちよく酔ったところを不意打ちされ、あわてた私は、「こんないいお店で、美味しいお酒を飲めるなんて最高に幸せです！」と、軽薄に答えた気がします。

その頃の私は、幸せになりたいなどとは考えもしませんでした。不幸が好きだというわけではなく、幸せとか不幸せという概念で人生を捉える習慣がなかったのです。仕事も遊びも含め、今を思い切り楽しめればそれでいい。そう思っていました。

つまり、自分1人で生きている気になっていたのです。まさに自性の存在と、すっかりカン違いしていました。

師は、哀れむようにいいました。

「そんなことは幸せでも何でもない。つまらないことに幸せと感じていたら、大した成功はできないぞ。それよりおまえが今、ここに、こうして生きている、そのことがいちばんの幸せじゃないか」

そして、20代さかのぼればという話をしてくれました。

たしかに1０4万8576人の1人でも、生まれなかったり、子どもをつくらず若死にしたりしていたら、私はここにはいません。

ご先祖様がみんな健康で、たいへんな環境に置かれても必死で子どもを育て、ケンカや自殺で無意味に命を捨てることなく、真面目に生きてくれたからこそ、今、ここにこうして私がいます。

そう思うと、ひとりでに感謝の気持ちがわいてきます。

つらいことや苦しいことは、イヤというほどあったでしょう。今日のように安全で快適で、自由な世界ではありません。みんなどんなに必死で生きていたことか。それに思いを馳せれば、そういうご先祖様の命を受け継いでいることに、私は誇りすらおぼえます。しかし当時は、そんな気持ちは微塵もありませんでした。

「おまえは自分1人で生きている気かもしれんが、おまえの命は、おまえだけのものではない。だからもっと自分を大切にしろ。もっと真剣に生きろ」

まるで親父に叱られている気分になりました。

師のいわれる通り、私たちにはご先祖様に対する責任があります。

たとえば、「自分はダメな人間だ」とか、「おれは、しょせんこの程度だ」などという思いは、自分の命の中にいるご先祖様に対し、じつに失礼な話です。先祖供養もけっこうですが、そんなつまらない自己評価をどうにかしなければ、１０４万８５７６人のご先祖様は浮かばれません。

先祖供養をしなさいという話ではありません。先祖供養はしないより、したほうがきっといいのでしょう。

けれどそんなことなどしなくても、自分を大切にすることが先祖を大切にすることです。先祖を大切に思うことは、自分を大切に思うことです。

「そもそもおまえは、自分の先祖の名前をどのくらい知っている？」

そのとき師に問われ、ハタと困ってしまいました。

父と母の名前は、いくら何でも忘れません。祖父母４人の名前も、どうにか浮かんできました。

しかしそれから先は、まったくわからない。子どもの頃に聞いた気もしますが、とんと浮かんできませんでした。

「６人か。最近はじいさん、ばあさんの名も知らん若者が多いから、おまえにしては上出来だ。けれど曾祖父、曾祖母となるとおまえもわからない。今どきは、わからん者が圧倒的に多いだろう。縦のつながりが見えにくくなっている。ところが歳をとると、どういうものかそのつながりが欲しくなる。それで家系図のようなものをつくりたくなる。しかしあの世に行く日も近くなって、そんなことをしたって手遅れだ。じきにあの世で、〝やあ、こんにちは〟ということになるからな。若いときこそ家系図をつくるべきだ。ご先祖の守護が欲しければ、若いときにつくらなければいかん。おまえも家系図をつくってみろ。自分が本当にかけがえのない、大切なものに思えるぞ。この命の流れの中で、自分も精一杯生きなければいかんという気持ちになる。ヘタばりそうになっても、〝ここでヘタばったらご先祖にすまない〟〝つまらない人生を送ってしまったら申しわけない〟。そう思えば、あとひと踏ん張りも、ふた踏ん張りもできるだろう。これこそいちばん大きなご先祖様のご守護だ。ちゃんと聞いているか。おまえがやろうとしているメンタルトレーニングとやらに比べたら、古臭い話かもしれん。だが、古いからといってバカにしてはいかん。西洋人のように、神という絶対的な心の支えのない日本人は、それを心の支えとして懸命に生きてきたのだから」

師は、こともあろうに図に乗り放題乗っている私に向かって、「家系図をつくれ」といいました。いえ、そんな私だからこそ、そうおっしゃったのでしょう。

家系図をつくるとなると、戸籍を調べたり、出身地の菩提寺を訪ねたり、親戚・縁者の話も聞く必要があります。それには膨大な時間がかかります。膨大な時間をかけても、今日のように、過去の記憶が急速に失われつつある世の中では、よほどの名家でなければ、完成度の高い家系図をつくることは困難です。

そこで、セミナーなどでみなさんにお話するときは、家系図でなくてもいい、せめて先祖10人ぐらい名前を知っておこうといっています。

## 自分を大切にしたければ、先祖10人の名前を調べろ

私たちは〝自分〟の人生と思うから、あきらめたり、妥協したり、逃げ出したりできるのです。もう一度いいますが、あなたの人生は、あなただけのものではありません。あなたが大切に思う人、あなたを大切に思う人のものでもあるのです。仏教の〝縁〟という言葉は、そういうことを意味しています。

「その人があるから私もあり、私があるからその人もある」――先祖とのつながりだけでなく、この世の中はビジネスでもスポーツでも、また家庭でも、みんなその通りになっています。

**苦しくて、つらくてあきらめそうになったら、あなたが大切に思う人10人を胸に描け。あなたを大切に思ってくれている人10人を胸に描け**

いつも持ち歩く手帳にその名前を書いておき、へこみそうなときや挫けそうなときにそのページを開いてみる。マイナス感情に支配されそうになったときも、ページを開いて、そこに並んだ名前を見ると、不思議なエネルギーがわいてきます。

もちろん私も、そういう手帳を持っています。そこに誰の名前が書いてあるかは、妻にも決していえない秘密ですが……。

## 心の枠は人の助けで変える

ここまで『10人の法則』と、その活用編について述べてきました。

賢明なみなさんにはもうおわかりかと思いますが、これらはいずれも、これまでの〝自分〟という心の枠を壊す方法です。

この枠と似た言葉に、「器」があります。食事で使う皿、茶碗のことではありません。人間に備わった器であり、「あの人は社長の器ではない」とか、「彼は器が大きい」といったいい方をします。

昔の日本人は、人が受け取る幸せや成功の大きさは、才能や努力だけでなく、人の器に応じて決まると考えました。

たしかに人の一生は、「器」と呼ぶしかないものに左右されています。たくさんのスポーツ選手、ビジネスマン、経営者とお付き合いし、その人生を間近で見ていると、私たちには器というものが、どうしようもなくあるのだと思わざるをえません。

読者の中には、「器など見たこともないくせに、見てきたようじゃないか」と思った人もいるでしょう。

おっしゃる通り、「これがこの人の器だな」と、お抹茶の器を手にとって鑑賞するように、じっくり眺めたわけではありません。

見ることはできなくても、何となく感じさせる、それが人の器です。

では、その器の正体は何かとなると、難しい問題です。辞書を引くと「人の器」とは、「人格的・能力的な大きさ。器量。キャパシティ」と出ています。

この「人格的・能力的な大きさ」を、私は「心の枠」と呼んでいます。

つまり人の器とは、人それぞれが持っている心の枠のことであり、その大きさや小ささを私たちは、何となく感じてしまうのです。

日本を代表する大企業のトップが、ある雑誌でこんなことを語っていました。

「才能や能力の差が、仕事の成果となってあらわれる差を1とすれば、心の持ち方の違いによる差は、5にも10にもなる」

私もその通りだと思います。ただ、ひとつ解説すれば、心の持ち方といえば、誰でも自由に変えられるような気がしますが、そうではありません。ここは「持ち方」ではなく、「心の枠」の違いというほうが正しいのです。

たとえば、ある人が仕事に前向きに、また積極的に取り組むかどうかは、その人の才能や能力とは関係ありません。

このトップがいうように、人の心が大きく関係しており、それが才能や能力などよりはるかに大きく、成果を左右することになります。

しかしじつをいうと、ほとんどの人は仕事に前向きに取り組もう、積極的に仕事を遂行しようとしています。その意味では、たいていの人は一生懸命です。

ただ現実の仕事で、それがどこまで行動特性（コンピテンシー）となって発揮されるかということには程度の差があり、その〝程度〟が心の枠に支配されてしまうのです。

営業マンでいえば、こういうことです。

「どこまで相手の懐に飛び込めるか」

「どこまで広く、深く相手の要求や必要を読み取れるか」

「商品についての詳しい知識を、どこまで蓄えようと努力するか」

「不測の事態が起きたときに、どこまで冷静に対処できるか」

これらは性格や性質から来るものと思われがちですが、それは間違いです。行動特性というのは、その人のこれまでの経験の積み重ねがつくり出した〝自分〟という誤解——心の枠に支配されたものなのです。

何年か前ですが、人材管理・人材育成の分野では、コンピテンシーということがいわれるようになりました。

才能や能力の高さが必ずしも成果に結びつかないことから、大きな成果をあげている社員の行動特性を調べ、その結果に基づいて、他の社員の行動パターンを変えようという新しい人材育成の考え方です。

しかし私は、いささかの疑問を持っています。

なぜなら人には、それぞれ心の枠があり、優秀な社員の行動特性を分析し、それをほかの社員に行わせようとしても、うまくいくとは思えません。それよりも1人1人が持っている心の枠を揺さぶり、壊し、広げることのほうが大切なのです。そのための方法が、ここで紹介した『10人の法則』であり、その活用編です。

人は、自分で自分を変えることはできません。山にこもって何十年修行しても、人は絶対に変わりません。自分を変えるには、人の助けを借りなければならないのです。

なぜなら私たちは、何度もいうように社会的な動物です。心の枠も、子どもの頃から否応なくその中で生きてきた人間関係の中で形成されたものであり、枠を形づくっているのは、主として恐れや不安から来る否定的な感情だからです。

私たちは、そういう〝自分〟の枠を壊すのが怖いのです。

ここでもう一度思い出してください。

私たちの脳は、防衛系（恐れ・不安）と報酬系（喜び）という、2つの神経系統によってコントロールされていました。つまり防衛系がつくった心の枠を突き崩す最大の武器になるのは、喜びです。喜びしかありません。

そこで最後に、私たちの脳を喜びで肯定的にし、心の枠を広げる最も簡単な方法をひとつ紹介しておきましょう。

## 喜ばせるか、喜ばせてもらうか

諺は先人の知恵であり、いつの時代にも当てはまる真理を含んでいます。

「情けは人のためならず」

この諺は日本人なら誰もが知っているはずです。

「ヘタに情けをかけると、本人のためにならない」という意味で使われますが、「人にかけた情けは、まわりまわって自分に戻ってくる」が、もともとの意味です。

人を助ければ、まわりまわって自分も人に助けてもらえる。たしかに世の中にはそういう不思議な流れがあり、これを「返報性の法則」といいます。

しかしよくよく考えてみれば、不思議でも何でもありません。

他人のために尽力するような人物のことは、まわりの人が放っておきません。その人のために、自分も尽力してあげたくなる。なぜならツキのある人のところへは、ツキのある人が集まり、ツキのない人のところへは、ツキのない人が集まるように、仲間を大切にする人には、仲間を大切にする人たちが集まるからです。

ですから他人を喜ばせる人は、自分も他人に喜ばせてもらえます。

お客さんを喜ばせる店には、必ずお客さんが集まってきて、お客さんがお店を喜ばせてくれる。お客さんを喜ばそうとせず、商品を買わせて自分が喜ぼうとするから、〝返報〟がなくなってしまうのです。これはサービス業に限りません。私たちが暮らしている高度消費社会のビジネス原理は、相手をいかに喜ばすかというところにあります。

「世界でいちばん簡単な成功法は、人を喜ばせることである」

この世の中は上手に喜ばせることのできる人ほど、儲かる仕組みになっています。人を喜ばせると、必ず素晴らしい〝返報〟があるのです。

お年寄りやお腹の大きな女性に電車の席を譲る。なかには「当たり前だ」といわんばかりに、「ありがとう」もいわずに座るような、喜びを感じる力のない方もいらっしゃいます。しかしたいていの人は嬉しくなり、「ありがとう」と喜んでお礼をいいます。席を譲ったほうも何だか嬉しくなり、喜びを感じます。むしろ譲られた人より、譲った人のほうが大きな喜びを感じるのではないか、私はそう思います。

私たちの脳が感じる喜びをつぶさに観察すると、3つの種類に分類できます。

**・自分を喜ばせる喜び**
**・自分以外の人に喜ばせてもらう喜び**
**・自分以外の人を喜ばせる喜び**

「自分を喜ばせる喜び」はたいへんです。努力が必要になります。また努力しても、喜べる結果になるとは限りません。

しかしそれ以上にたいへんなのは、「自分以外の人に喜ばせてもらう喜び」です。一見、いちばん簡単そうですが、他人に何かしてもらわなければ、得られないのですから、これほど難しいことはありません。

混んだ電車で席を譲ってもらう喜びも、席を譲ってくれる人がいて、はじめて感じることのできる喜びです。席を譲ってもらう。難しいことですね。実際、お年寄りが乗ってきても、見て見ぬふりをする人や、寝たふりをしている若者がたくさんいます。なかには「立ちなさい」と注意され、逆ギレして食ってかかる危険人物もいます。

他人に喜ばせてもらうというのは、ことほどさように難しいのです。

その難しいことを期待しているのが、他人に責任を転嫁する〝他責〟の人です。「会社が悪い」「上司が無能だ」というような不平不満やグチ、悪口が多くなるのは、性格が悪いからではありません。他人に喜びを与えてもらおうと思っているからです。そういう人たちは間違いなく、自分で未来を切り開く能力を失っていきます。

他人に席を譲ってもらうことは難しい。でも、自分が席を譲ることなら簡単です。自分の心ひとつでできるからです。

3つ目の「自分以外の人を喜ばせる喜び」が、いかに簡単であるかということです。

いちばん簡単に喜びを感じる方法が、「自分以外の人を喜ばせる」ことです。何しろ電車で席を譲るだけで、喜びというプラス感情が脳にわいてきます。

## 肯定的な脳が欲しければ、毎日5人の人を喜ばせろ

10人ではなく半分になっているのは、自分以外の人を喜ばせる喜びは、1人でも十分喜びを体験できるからです。また毎日のことなので、10人となるとそれに気を取られて仕事や練習、勉強にさしさわりがないとも限りません。5人というのは毎日の生活の中で、ごく自然に行える数です。

アンパンマンのように、困っている人を探しまわる必要はありません。ちょっとしたヘルプやサポートも、相手を喜ばすことができます。

褒めることも、人を喜ばせます。ただしこれもやりすぎると、イヤミになったり、何か裏があるのかと勘ぐられたりするので注意してください。

そんな場合は、本人のいないところで褒めるという、とっておきの手があります。それはやがて相手の耳に届き、直接本人に伝えるより大きな喜びを与えることになります。

ところで、仏教には執着心を離れるために行う「布施」という修行があるそうです。布施というと、私たちは葬儀や法事のお礼としてお寺に渡すお金を連想しますが、それだけが布施ではありません。

布施にもいろいろな方法があります。

私が「なるほど」と感心したのは、困っている人を助けたり、安心を与えたりすることで、相手の畏（恐れや不安）を取り除く「無畏施」といわれる布施です。

その中に「無財の七施」、つまりお金がなくても社会的な力がなくても、誰でも簡単にできるという意味で「無財の七施」と呼ばれるものがあります。

- **捨身施**　自分の行動で相手を助けたり、サポートしたりしてあげる
- **心慮施**　相手の悲しみや喜びに共感する
- **和顔施**　やさしい表情、ほほえみで相手の心を和ませる
- **慈眼施**　いつくしみの目で安心させる
- **愛語施**　温かい言葉で語りかける
- **房舎施**　居場所を提供する（心にゆとりを与える）
- **床座施**　席を譲るように譲り合う

面白いのは、こうした布施の目的が、自らの心を清く保つためであることです。脳にプ

ラス感情をわかせ、肯定的な脳になるために、「毎日5人の人を喜ばせよう」という私たちの法則と、どこか似ている気もします。

ひとつお願いしたいのは、その5人の中にあなたの嫌いな人か、気の合わない人、折り合いがよくない人を、どうか1人入れておいてください。

# あとがき

旧版『10人の法則』が世に出たのは2008年。このたび版を改めるまでに、10年の歳月が流れました。

2008年は「まえがき」でもふれた北京オリンピックや、リーマンショックのあった年です。「10年ひと昔」といいますが、遠い昔のような気がします。

発売以来、『10人の法則』は着実に読者を増やしてきました。新装版まで出るのですから成功です。

けれどこの10年のあいだに、じつは本書の出版を悔やんだことが何度かありました。

なぜかというと、本を読んで、その中で私が述べている「10人の恩人に会いに行け」ということを実行する人たちがたくさんいる——そのことはとてもよいのです。嬉しいことなのです。

ただ困ったことに、会いに行く10人の中に著者である私を加えて、私に会いに来られる読者がたくさんいることです。

私は3年前に大病を患いました。突然の病に倒れ、かろうじて命をとりとめました。さいわい目立った後遺症もなく、今も外見は元気そうに暮らしています。けれどそんな事情をご存知ない読者は、私の体調などおかまいなしに会いに来られるのです。

「本を読んで、大きな気づきをもらいました」

「目を開かれました」

「西田先生は、私の恩人です」

「今日は感謝をお伝えに来ました」

最初は嬉しい悲鳴でした。しかしだんだん苦しい悲鳴に変わりました。それでも「これを実行すれば人生でいちばん大切なものをつかめる」といって、私がすすめた「法則」を実行している、そんな相手をむげに断るわけにいきません。

本が持っている影響力の凄さを感じるとともに、「西田文郎にだけは会いに行ってはいけません」と、どうして書かなかったのだろうと、いささか後悔したこともあったということです。

冗談はさておき、ここでお話したいのは、「法則」を実行した人たちのその後です。私に会いに来てくれた読者は、それ以降、ことあるごとにさまざまな報告を寄せてくれるようになりました。そこから知る限り、みなさん成功されているのです。

はるばる私を訪ねて来るような、すごい実行力の持ち主だからこそ成功したのかもしれません。けれど私には、その実行力自体、この本を読んで、感謝することの素晴らしさを知ったその結果であるように思えるのです。

オリンピック代表選手や一流のプロスポーツ選手が、マイクを向けられて最初に語る言葉を思い浮かべてください。

彼らが口にするのはたいてい感謝です。儀礼的に、きれいごとでいっている、と思ったら大間違いです。

なぜなら彼らは実際に、感謝することで大きな力を得ているからです。

メダルを獲れたから感謝するのではありません。感謝できたからこそ厳しい勝負を戦い抜き、金メダルを獲れたのです。

どうしてそういえるのか。

本文では心と脳のメカニズムから、そのことを説明したつもりです。

つまるところ、人間は感謝したい動物なのです。

社会や人間関係の厳しい一面にふれると、ちょうどハリネズミが針を逆立てて自己防衛するように、他人に対して距離を置いてしまう人がたくさんいます。しかし私たち人間の本能は、いつだって感謝がもたらす大きな喜びを望んでいるのです。

この本では、私たちが本能的に望んでいることを思い出してもらったに過ぎません。ですからこの本を読むと、とにかく感謝したくなるのです。「自分1人ではない。つながっているのだ」という確信が、やがて未来に成し遂げるであろうものを予感し、「法則」を実行したくてワクワク、ウズウズしてくるのです。

わざわざ本の著者を訪ねてくるなんて、それ以外には考えられません。

たとえば、不景気のどん底だった2012年、Bさんの会社はいつ倒産してもおかしくないという最悪の状態でした。父の代からのベテラン社員の首も切らなければいけない。

そのことに悩み、食事も喉を通らなかったといいます。

そんなときにたまたま本屋の棚で『10人の法則』を見つけました。当時の表紙にあった言葉にひかれたそうです。

「感謝と恩返しと少しの勇気」。ビジネスコーナーに氾濫している「戦略」とか「経営術」といったテクニックの言葉でなく、そんな言葉に思わず目をとめたのは、万策尽きた中で、本当に自分が必要とするものに本能的に目が行ったのでしょう。

Bさんは10人の恩人に感謝を伝えはじめました。

お父さんはもう亡くなっていましたが、1人でお墓に行って長いあいだ話をしました。お母さんにも、これまで口にしたことのなかった感謝を伝えました。50代のBさんには、さぞかし恥ずかしかったと思います。お母さんは涙をためてそれを聞き、「これでもういつ死んでもいい」とおっしゃったそうです。

中学の恩師、高校の部活の先生。会社を継ぐまで勤めていた、前の職場の上司や先輩には、社会人としての基本を叩き込まれました。その厳しい指導も、今だから素直に感謝できたといいます。

1人に会うたびに感謝は深まり、世間でよくいわれる「人に生かされている」という言葉がだんだん切実なものに思われてきました。

若い頃は、一緒につるんで悪さをしていた友人たちとも再会しました。みんな驚くとともに、これまでにないほど胸襟を開き、いろいろな話ができたそうです。妻にも子にも、「ありがとう」を伝えました。もちろん気味悪がられました。

しかし、Bさんがその真意を話すと、妻からも子どもからも感謝の言葉が返ってきたそうです。

「本当に感動の連続でした。すごい体験でした」

こういうことがあって、何も変わらないと思うほうがおかしいのです。

次は誰に感謝を伝えよう、そう思ったとき、浮かんできたのが2人の古参社員の顔でした。父の仕事を引き継いで右も左もわからなかった自分に、一から仕事を教えてくれた2人。しかしその2人こそ、今回首を切ろうと白羽の矢を立てていた社員だったのです。

ここで感謝など伝えたら解雇をいい渡す前ぶりと思われるのではないか。

ためらいをおぼえました。

そんなある日、当の2人がそろって社長室に顔を見せました。何事かとつい身構えましたが、彼らの口から出てきたのは意外な言葉でした。

「会社の経営状態はよくわかっている。先代社長への恩もあるし、私たち2人が辞めることで、少しでも会社が助かるなら退職したい。もういい年だから、これからはのんびり暮らそうと思う」といってくれたのです。

願ってもない申し出でした。しかしBさんの口から飛び出したのは、自分にとっても信じられない言葉だったのです。

「ありがとう。でも、あなたたちの熟練した技は会社の命だ。いくらコンピュータ制御の時代といっても、伝えていかなければならない技だ。今まで会社のために尽くしてくれて、本当にありがとう。これからも私を見捨てないでほしい。辞めないでください。経営のほうは私が全力で建て直すから」

経営者として正しい選択であったかどうかは、ここでは置いておきましょう。

しかし変化が起きました。2人がこれまで以上に、一生懸命働いてくれたのはいうまでもありません。

それにもまして、「この2人を悲しませてなるものか」とBさんは必死で頑張ります。その話を知った他の社員やパート職員の気持ちがひとつになっただけでなく、取引先の担当者まで応援してくれるようになったというのです。

Bさんの会社はその後、奇跡のV字回復を成し遂げます。

会社が息を吹き返したのは、「法則」を実行したからではありません。2013年からようやくどん底を抜け出しはじめた日本経済の上昇気運の影響もあったでしょう。

それにしても瀕死の状態だった会社を守り抜き、1人の解雇者も出さずに建て直し、さらに新しいジャンルにも果敢に挑戦して、着実に結果を出しているBさんを、いったい何が支えたのでしょうか。

その答えは、Bさんの話の中にありました。

——「人に生かされている」という言葉をだんだん実感してきた。

「法則」を実行することで徐々に心の底に染み通ってきた、「ひとりではない。自分はまわりに生かされている」という自信だったに違いありません。

実際、これほど強く自分を支えてくれるものは他にないのです。

「ひとりではない。自分はまわりに生かされている」

言葉としてなら、知識としてなら、誰でも知っていることです。しかしそれは、心で感じ取ることとは違います。実感がともなわないのが、ほとんどの人でしょう。だから「10人の法則」を実行してみよう、10人の恩人に会いに行こうと私は提案するのです。

10人の恩人に会いに行く。たしかに難しいことです。

しかしそれをすれば、何かが変わります。

たとえば、数年前に私を「恩人」に指名して訪ねて来られたCさんに、先日久しぶりに再会しました。

景気的にはまだまだ厳しい地方で会社を経営されている方ですが、当時、年商2億だった会社が、今は200億の会社に急成長したと喜んでいました。

たしかにみなさん成功しているのです。

しかしこれは、成功するためのツールではありません。私たちが生きることの根本にかかわる「法則」なのです。もし成功する人が多いとすれば、根本に根ざすことがそれだけ私たちをたくましくし、パワフルにしてくれるからでしょう。

テクニックは一時的なものに過ぎません。しかし根本に則るということは、まわりの状況がいかに変わっても、自分自身を支え続けられることなのです。

「不易流行」という熟語をご存知でしょうか。

それまで言葉遊びに過ぎなかった俳句を芸術にまで高めた、江戸時代の俳人・松尾芭蕉の理念のひとつとされているものです。

世の中にはさまざまな流行があり、その盛衰興亡ははなはだしい。しかしその底には決して変わらないもの（不易）が常に息づいている。その変わらないものをつかみ取ったものこそ、むしろ流行のなかで輝けるのだ――ということを意味するそうです。

成功のテクニック、幸せになるためのノウハウは世間に氾濫しています。それらを武器にして戦うのもよいでしょう。しかし根本（不易）をつかむことがいちばんの近道です。それをつかんだほうが、同じ武器を持って戦うにしても、間違いなくたくましく、自信をもって、ワクワクしながら戦えるのですから。

「10人の法則」は、それをつかむための最高の方法です。

どうかみなさんも実行してみてください。今は難しく思えるかもしれませんが、一歩踏み出せば、もう楽しくて止められなくなること請け合いです。

ただし、その際は私の名前だけは10人のリストに載せないように、くれぐれもお願いします。

2018年4月

西田文郎

著者略歴

# 西田文郎 にしだふみお

株式会社サンリ 会長
西田塾 塾長
西田会 会長
天運の会 会長
JADA日本能力開発分析協会 会長

1949年生まれ。日本におけるイメージトレーニング研究・指導のパイオニア。

1970年代から科学的なメンタルトレーニングの研究を始め、大脳生理学と心理学を利用して脳の機能にアプローチする画期的なノウハウ『スーパーブレイントレーニングシステム（SBT）』を構築。国内のスポーツ、ビジネス、受験、その他多くの分野に、科学的、実践的なメンタルマネジメントを導入し、絶大な成果をあげている。

この『SBT』は、誰が行っても意欲的になってしまうとともに、指導を受けている組織や個人に大変革が起こって、生産性が飛躍的に向上するため、自身も『能力開発の魔術師』と言われている。

なかでも経営者向けの勉強会として開催している『西田塾』は、毎回キャンセル待ちが出るほど入塾希望者が殺到し、門下生は数千人に上る。

また、通信教育を基本として「ブレイントレーニング」をより深く学んで実践できる『西田会』を開設し、「幸せに生きるための上手な脳の使い方」を伝える活動にも力を注いでいる。

著書に、『No.1理論』『面白いほど成功するツキの大原則』『No.1営業力』『No.2理論』『天運の法則』『はやく六十歳になりなさい』（現代書林）、『強運の法則』『人望の法則』（日本経営合理化協会出版局）、『ツキの最強法則』（ダイヤモンド社）、『錯覚の法則』（大和書房）など多数ある。

西田文郎 公式ウェブサイト　http://nishida-fumio.com/
西田文郎 フェイスブック　https://www.facebook.com/nishidafumio.sanri
株式会社サンリ ウェブサイト　http://www.sanri.co.jp/

# 新装版《しんそうばん》　10人《じゅうにん》の法則《ほうそく》

2018年5月30日　初版第1刷

著　者 ―――――――― 西田文郎《にしだふみお》
発行者 ―――――――― 坂本桂一
発行所 ―――――――― 現代書林
〒162-0053　東京都新宿区原町3-61　桂ビル
TEL／代表　03(3205)8384
振替00140-7-42905
http://www.gendaishorin.co.jp/

ブックデザイン+DTP ―― ベルソグラフィック
カバー使用写真 ――――― Jacob Lund/Shutterstock.com




印刷 製本　広研印刷㈱
定価はカバーに表示してあります。
万一、落丁・乱丁のある場合は購入書店名を明記の上、小社営業部までお送りください。送料は小社負担でお取り替え致します。
この本に関するご意見・ご感想をメールでお寄せいただく場合は、info@gendaishorin.co.jp まで。





ISBN978-4-7745-1702-5 C0030